KB160668

‖ 인문교양총서 25

교양 일본문화론 : 일본문화는 어떻게 표상되었나

●

이 준 섭

인문교양총서 025

교양 일본문화론

일본문화는 어떻게 표상되었나

이준섭 지음

역락

서문

일본의 근대가 가령 1853년의 페리(M.C.Perry) 내항을 기점으로 시작되었다고 한다면 이때부터 일본은 급격한 사회구조의 변화에 대응하기 위해 많은 외국인을 고용하고 그들의 힘을 빌려 근대화에 박차를 가했다. 그리고 일본과 그 문화는 외국인들에게도 커다란 관심의 대상이 되었다.

이러한 구미제국의 관심은 크게 세 가지로 나눠볼 수 있다. 에도막부 말기부터 메이지 시대에 걸쳐서는 서양이 자기본위로 일본을 이야기한 시기였고, 이어서 그것을 바탕으로 서양이 자신들의 문화를 읽어내려고 했던 시기가 있다. 그리고 이와 전후해서 일본인 자신이 서양인의 시선에 비친 일본의 모습에 흥미를 갖고 일본인의 정체성을 생각하는 데 좌표의 하나로 삼기도 했다.

막부 말기·메이지 이후, 서양인이 보고 읽은 일본문화의 이미지는 서로간의 정치적·경제적 역학관계와 문화적 외세가 발산하는 환혹이 복잡하게 어겹되어 있었고, 일본인이 간직하여 왔던 것과는 크게 다른 표상을 곧잘 새롭게 가치창출을 해왔다.

비근한 예로, 에도시대 미(美)의 응축의 하나인 닛코(日光) 도쇼구(東照宮)를 하찮게 여기고 오로지 교토(京都)의 가쓰라리큐(桂離宮)를 일본미의 정수로 치켜세우는 시선을 들 수 있겠다. 이런 시선이 포착한 일본의 모습을 '일그러진 거울에 비친 자화상'이라며 기피하기는 쉽지만 한편으로 타자의 시선을 통해 형성되어 온 '근대와 전통과의 문화적 합성사진'은 현대 일본인론에 다양한 수준에서 흔적을 남긴 것도 사실이다.

일본문화론은 1980년대 이후 다양한 비판이 이루어졌다. 일본의 사회와 문화의 균질성을 과도하게 강조한 나머지 다양성의 측면이 무시됐다는 비판이 있었고, 전후 일본의 경제성장으로 조장된 문화우월주의라는 비판 등이 있다. 이러한 비판의 회로는 1990년대 이후 일본 내의 다양성과 아시아 문화와의 이동(異同)이 노정되기도 하였다. 일본문화의 독자성과 쿨재팬의 상업성이 강조되는 현 시점에서 『교양 일본문화론 : 일본문화는 어떻게 표상되었나』는 현대 일본에 대한 이미지를 비판적으로 파악하는 데 유효한 작업이라고 할 수 있다.

2014년 2월 7일
이준섭

차례

벽안의 호기심

일본이 외국인의 시선에 노출된 것이 막부말 · 메이지 초기 일본이 근대화의 길을 걷기 시작한 이후의 일은 아니다. 16세기, 곤란한 역경 속에서도 일본에 기독교 포교활동을 한 예수회의 선교사 등의 증언이 있다. 그들이 본국의 교회에 보낸 보고서는 당시 일본의 모습을 전해주는 귀중한 증언이 되고 있다.

이 책에서는, 외국과 접촉하는 가운데 일본이 근대화의 길을 걷기 시작했던 막부말 · 유신이후로 제한해 그 시기부터 현대에 이르기까지, 미국이나 유럽 사람들이 일본이라고 하는 나라를 어떻게 보고 일본문화를 어떻게 이해하고 일본인에 대해서 어떤 이미지를 만들어 갔는지를 생각해보기로 한다.

일본은 막부말 · 메이지유신[1] 이후의 근대화 속에서 급속한 사회구조의 변화에 대응하기 위해서 많은 외국인을 고용하고 그들의 힘을 빌려 근대화를 착착 진행시켰다. 그러한 일본과 일본문화는 외국인에게도 흥밋거리가 되었다.

한편, 일본인 자신들은 서양인들이 일본에 대해 어떤 이미지를 품게 되었는지, 일본문화를 어떻게 보고 있었을까 라는 것에 처음에는 그다지 흥미가 없었다. 사실 비교적 최근까지도 일본에 대한 것은 일본인밖에 이해할 수가 없다고 생각하는 사람이 적지 않았던 것이다. 그러나 일본은 근대화 과정에서 서양사회의 다양한 조직이나 제도, 또는 그 문화를 모델로 기반삼아 발전해 왔고, 서양인들이 일본과 일본 전통문화에 대해서 말하는 것, 또는 일본 근대화에 대해서 서술하고 있는 것에 대해 무관심할 수만은 없게 되었다.

서양의 일본에 대한 관심은 크게 세 시기로 나눌 수 있다. 우선 막부 말부터 메이지 초기에 걸쳐 그들이 자신들을 위해서 일본 것을 전하는 시기이고, 다음은 그것들을 바탕으로 서양인이 자기들의 문화와 비교하면서 일본문화를 이해하려고 한 시대가 온다. 그리고 제 2차 세계대전을 둘러싸고 일본인 스스로가 서양인의 눈에 비친 일본의 모습에 흥미를 가지고 자신의 정체성을 생각하는 하나의 좌표로 삼으려던 시기이다.

---

1 막번체제(幕藩體制)를 무너뜨리고 왕정복고를 이룩한 변혁과정. 메이지 정부는 학제·징병령·지조개정(地租改正) 등 일련의 개혁을 추진하고, 부국강병의 기치 하에 구미(歐美) 근대국가를 모델로, 국민의 실정을 고려하지 않는 관주도(官主導)의 일방적 자본주의 육성과 군사적 강화를 꾀했다.

서양의 관심은 나라에 따라서 시기가 달라, 우선 영국이 19세기에 일본학을 개척한 것에 반해, 프랑스의 관심은 처음에는 오로지 중국에 가 있었고 일본이 흥미의 대상이 된 것은 그 후의 일이다. 더욱이 제 2차 세계대전 동안에 적대국의 정보분석이라는 차원에서 시작한 미국의 연구가 오늘날 서양인의 일본론 중 주류가 되어 있다.

1. 다양한 일본이해

어니스트 사토우(Sir Ernest Mason Satow, 1843–1929)는 1843년에 태어나 1929년에 죽었지만 그 86년에 이르는 생애의 많은 부분을 일본에 체재하며 외교관으로서 일본과 깊은 관계를 맺은 인물이었다. 런던에서 연수를 받고 베이징을 거쳐 처음으로 일본에 온 것은 1862년의 일이다. 이때 사토우는 약관 19세였다. 그 무렵 일본은 격동의 시대로 젊은 사토우는 이러한 일본의 모습을 목격할 수 있었다. 그는 도중에 일시 귀국했지만 1870년, 재차 건너와 1882년까지 일본에 체재했다. 그리고 다시 한번 일본을 떠난 후, 이번에는 공사로서 1895년에 와서 1900년까지 일본과의 외교에 진력하고 그 후에는 청국에 공사로서 전임해서 1906년 외무성을 퇴임할 때까지 외교관으로서 활약했다. 그 동안의 일본 체재를 합하면 20년간에 이른다.

어니스트 사토우가 우리들의 흥미를 끄는 것은 그가 외교관인 동시에 문인이었다는 점이다. 외교관으로서의 사토우는 처음에는 영국외무성의 통역생시험에 합격하고 주일 영국 공사관 통역생으로 임명되었다. 그리고 그 발군의 어학실력으로 일본 체재 중 막부반대세력과 접촉하는 등, 당시의 공사 해리 파커스 경의 정책 수행을 보좌했다. 사토우가 일본에 온 직후에는 영국인 2명이 사쓰마 번의 무사에게 살해된 나마무기사건[2]이 일어나, 즉시 그 교섭에 관계하는 등 도쿠가와 막부의 종언과 메이지유신의 서막의 무대 뒤에서 음으로 양으로 관여하였다. 사토우는 스스로의 체험을 기반으로 일본의 현상을 이해하고 독자적인 일본관을 형성해 왔다.

사토우는 당시 요코하마에서 발행되고 있었던 신문 『재팬 타임즈(The Japan Times)』[3]에 「영국책론」이라는 평론을 발표하였다. 그 논평의 요지는 일본의 정치체제는 천황을 원수로 하는 제후연합이고 장군은 제후연합의 필두에 지나지 않는다는 것이다. 이것은 바로 메이지유신의 태동의 움직임과도 일치하는 것이었다.

---

[2] 나마무기(生麦)라는 마을 근처에서 사쓰마 번주의 아버지인 시마즈 히사미쓰(島津久光)의 행렬에 난입한 말 탄 영국인들을 행렬을 호위하던 사무라이들이 '무례'하다는 이유로 살해한 사건이다. 이 사건에 대한 배상 문제 때문에 사쓰에이(薩英)전쟁이 일어났고, 결과적으로 사쓰마 번과 영국간의 상호간 이해를 깊게 하는 계기가 되었다.

[3] 1897년 3월 22일 창간되었으며, 도쿄에서 발행되는 조간 영자신문이다.

문인 외교관으로서 사토우의 업적으로는, 『일본예수회간행서지』라는 방대한 문헌을 출판했고 또 최초로 일본에 체재했던 1862년부터 1869년까지의 체험을 바탕으로 한 회상기를 쓴 것이 있다. 이것은 『한 외교관이 본 메이지유신』이라는 제목으로 영국에 귀국한 후 1921년에 간행되었다. 더욱이 그는 일본 체재 중 방대한 문헌을 수집했다. 지금 영국 캠브리지대학교에는 사토우와 같은 시기의 외교관이었던 윌리엄 조지 애스턴의 이름을 붙인 문고가 있고 거기에는 수천 점이 넘는 일본어 책이 소장되어 있는데, 그 대부분이 사토우가 수집한 것이다. 사토우는 외교관으로서 격무를 수행하는 한편, 매일 노트하며 한자를 익혀 공부하고, 모필로 편지나 문장을 쓰는 것까지 가능하였다. 그는 그렇게까지 철저하게 일본을 이해하려고 노력했다.

사토우는 몇 권의 책을 번역하기도 했지만 사토우보다 59년 늦게, 역시 문인외교관으로서 일본에 온 프랑스의 폴 클로델(Paul Claudel, 1868–1955)이 있다. 그는 사토우의 번역들을 읽고 아마테라스 오미카미(天照大神)의 이와토 신화(岩戸神話)[4]를 알게 되고 그것을 바탕으로 산문시를 창작했다. 클로델은 중국에 있을 때 아시아협회의 간행물로 나와 있던 사토우의 번역을 조계(租界)[5]의 클럽 등에서 읽을 기회가 있었으리라고 생각

---

4 일본의 건국신화.

된다.

서양이 일본에 대한 이미지를 만드는 데는 다양한 장치가 존재한다. 어니스트 사토우가 만들어낸 담론도 바로 그러한 장치의 하나였다. 19세기 유럽에서는 프랑스의 발자크(Honoré de Balzac, 1799–1850)[6]나 영국의 찰스 디킨스(Charles John Huffam Dickens, 1812–1870)[7]로 대표되는 사실적이고 묘사적인 산문이 발달하고 그것이 묘사적 담론을 생산하는 데에 커다란 도움이 되었다. 이것은 문필을 생업으로 하는 전문가의 글을 비롯하여 여행자들이 쓴 많은 기행문이나 일기의 형태로 남겨져 당시 일본의 모습이 표상되어 있다.

더욱이 19세기 중엽에 프랑스인 루이 다게르(Louis-Jacques-Mandé Daguerre, 1787–1851)나 뤼미에르 형제(Auguste Marie Louis Nicholas Lumière, 1862–1954 / Louis Jean Lumière, 1864–1948)에 의해 발명된 사진이나 활동사진도 일본의 모습을 기록하고 해

---

5 중국에서 아편전쟁 이후, 개항 도시에서 외국인이 그들의 거류 지구 안의 경찰 및 행정을 관리하는 조직 및 그 지역. 1845년 영국이 상하이에 창설한 이래 한때는 8개국이 28개를 설치하였으나 제2차 대전 이후에는 폐지되었다. 정식 명칭은 공관 거류지(共管居留地) 또는 전관거류지(專管居留地)이다.

6 19세기 전반 프랑스의 소설가로 사실주의의 선구자이다. 나폴레옹 숭배자였다. 작중인물의 재등장 수법을 썼다. 종합적 제목 『인간희극』 아래, 대표작은 『외제니 그랑데』, 『절대의 탐구』, 『고리오 영감』, 『골짜기의 백합』, 『농민』 등이다.

7 영국 소설가. 대표작으로 『황폐한 집』, 『위대한 유산』 등이 있다. 그의 소설은 지나치게 독자에 영합하는 감상적이고 저속한 것이라는 일부의 비난도 있지만, 각양각색의 인물들로 가득 찬 수많은 작품에 온갖 상태가 다 묘사되어 있고, 그의 사후 1세기를 통해 각국어로 번역되어 셰익스피어 못지않은 명성을 누리고 있다.

외에 전하는 데에 크게 기여하였다. 당시 구미에서 번성해 출판된 삽화 신문이나 잡지에는 수많은 사진이 게재되어 사람들의 이국취미를 고취시켰다.

또한 19세기 후반에는 오리엔탈리즘(orientalism)[8]이 서양인들의 관심을 끌었는데 그에 한몫을 한 것이 만국박람회에 출품된 일본 상품이나 우키요에(浮世繪)[9] 판화였다.

제1회 만국박람회는 1851년 런던에서 개최되었고 입장객은 600만 명을 넘었다. 그 후 1853년 뉴욕, 1855년 파리에서 열렸고 일본은 1862년에 두 번째 런던 만국박람회에서 영국 공사 올콕(Sir Rutherford Alcock, 1809–1897)의 주선으로 시부사와 에이이치(澁澤榮一, 1840–1931)들의 대표단을 파견함과 동시에 물품을 전시하여 세계 각지로부터 모인 사람들의 관심을 모았다. 그리고 이로부터 5년 후인 1867년에 파리에서 개최된 만국박람회에서는 출품된 일본 미술공예품이 일부의 미술애호가에 의해 열렬한 환영을 받아 체르누스키(Henri Cernuschi, 1821–1896), 에밀 기메(Emile Guimet, 1836–1918), 뒤레(Theodore Duret, 1838–1927) 등의 저명한 수집가를 낳게 되었다.

---

8 원래 유럽의 문화와 예술에서 나타난 동방취미(東方趣味)의 경향을 나타냈던 말이다. 하지만 오늘날에는 동양과 서양을 이분법적으로 구분하여 동양에 대한 서양의 우월성이나 동양에 대한 서양의 지배를 정당화하는, 서양의 동양에 대한 고정되고 왜곡된 인식과 태도 등을 총체적으로 나타내는 말로 쓰인다. 하지만, 여기서는 초창기의 의미로 쓰임.

9 에도시대에 성행한 풍속화로 주로 요시와라 유녀(吉原遊女)들이나 가부키 배우(歌舞伎役者)들을 소재로 하였다.

그러나 1851년 프랑스의 공쿠르 형제[10]는 그 저서 『1800모년』 안에, 일본 미술품에 대한 지대한 관심을 보였다. 더욱이 1856년 판화가 펠릭스 브라크몽이 우연한 기회에 「호쿠사이 망가」를 발견하자, 파리의 화가나 문학자들 사이에서 일본미술에 대한 흥미가 일거에 널리 퍼진다. 브라크몽은 보통 자신의 판화를 찍어주는 인쇄상 드라톨(Auguste Delatre, 1812–1907)의 사업장에서 우연하게 방치되어 있던 빨간 표지의 화첩을 보았다는 일화가 전해지고 있다. 이것은 선적되어 온 일본 도자기 짐이 부서지지 않도록 채우는 데 사용된 것이라는 얘기가 있지만 진위가 분명하지 않다고 한다. 브라크몽은 호쿠사이의 묘사의 정확성과 서양 회화와 달리 구애됨이 없는 먹선의 리듬감에 매료되었다.

이렇게 일본의 판화나 우키요에의 평판은 입에서 입으로 눈 깜짝할 사이에 퍼져 나갔다. 마네(Édouard Manet, 1832–1883)가 1868년 관전에 출품한 <에밀 졸라의 초상(Portrait of Émile Zola)>에서는 책을 손에 쥔 졸라 앞에 그의 <올랭피아>와 나란히 2대 우타가와 구니아키(歌川國明, 1835–1888)의 우키요에 <오오나루토 나다에몬(大鳴門灘右衛門)>을 충실하게 그려넣었다.

1862년에는 일본이나 중국의 미술품을 전문으로 취급하는

10 19세기 프랑스의 형제 소설가로 사후에 '공쿠르상'이 설립되었다. 형 에드몽, 동생 쥘 합작으로 『사를 두마이』, 『피로멘 자매』 등을 썼다. 자연주의의 선구, 인상파풍의 시각적 효과를 노렸다. 『공쿠르의 일기』는 일기문학의 걸작이다.

도소와(Desoye) 부부가 운영한 「중국문(La Porte Chinoise)」이라는 가게가 파리의 중심가인 리보리 거리(Rue de Rivoli)에 개점해, 많은 손님들로 북적거렸다. 시인 샤를 보들레르(Charles Pierre Baudelaire, 1821–1867)는 1862년에 쓴 아르세느 우세이(Arsène Houssaye, 1815–1896) 앞으로 보낸 편지에서 「일본의 미술품을 손에 넣어 친구들과 나누었다. 3점 정도가 수중에 남아있다」라고 말하고 있다. 이 가게의 단골로 화가에는 팡탱라투르, 마네, 드가, 휘슬러가, 문인에는 공쿠르 형제, 졸라가 있었다. 또한 루브르 박물관의 관리위원이었던 뷔요나 셀브르 도자기공업 공장장 소론도 자주 가게를 방문했다.

• 〈에밀 졸라의 초상〉, 마네, 1868

이런 일본의 도자기나 미술공예품을 동경하고, 우키요에의 새로운 미에 민감했던 그들은 「장그루루 일본협회」라는 것을 결성하고 매달 한번 파리 셀브르에 모여서는 식사를 함께하며 일본예찬에 빠졌다. 「장그루루회」라는 것은 회원의 한 사람인 아스트뤽(Zacharie Astruc, 1835–1907)이 자신의 단시 안에서 일본술(청주)에 붙인 명칭이다. 회원들은 식사에서는 일본의 식기와 젓가락을 사용하고 좀처럼 입수하기 힘든 일본술만을 마실 정도로 철저한 취향을 보였다.

2. 기메 컬렉션

일본을 여행한 사람들이 쓴 여행기나 가지고 돌아왔던 물건들은 미지의 나라 일본을 알기 위한 귀중한 정보였다. 에밀 기메는 1836년 리옹에서 태어나 젊어서부터 아버지가 경영하는 공장의 경영을 익히는 한편 미술과 음악에 흥미를 가져 오페라를 창작해서 마르세유에서 상연하기도 한 문화인이었다. 그의 동양에 대한 관심은 1865년 이집트를 여행했을 때 싹터서, 특히 각국각지의 종교에 강한 흥미를 가지게 되었다. 그의 흥미는 이윽고 더욱더 동쪽으로 이어져 종교의 진짜 모습을 접하고 싶어, 인도, 중국, 일본에 여행을 계획하기에 이르렀다. 이렇게 해서 기메가 일본 땅을 밟은 것은 1876년 8월의 일이다.

그는 일본을 방문하기에 앞서 다양한 자료를 보았지만 가장 도움이 되었던 것은 시볼트(Philipp Franz Balthasar von Siebold, 1796–1866)[11]가 1832년에 출판한 『일본』이었다고 한다. 이 『일본』의 제5권에는 에도시대 증보출판 되었던 『불상도휘』의 번

11 독일 의사, 박물학자. 벨츠부르크에서 출생, 뮌헨에서 사망. 일본 관계 연구에 몰두하였으며, 그 자료는 현재 네덜란드의 레이덴 국립민족학박물관에 소장되어 있다.

역과 거기에 실려 있는 도사 히데노부(土佐秀信)의 붓으로 그려진 불상화가 다수 채록되어 있었다. 기메는 일본에 오기 전 그것들을 자료로 일본의 종교와 불상에 관한 지식을 비축한 것이다.

기메는 1876년 8월 26일의 저녁 무렵, 샌프란시스코에서 출발한 증기선 「알라스카호」로 요코하마에 도착했다. 그 여행에는 화가 펠릭스 레가메(Felix Regamey, 1844-1907)가 동행하고 있었다. 레가메는 파리 태생의 화가로 이때는 미국에서 활동하고 있었다. 둘의 일본 여행 모습은 후에 『일본산책』에 생생하게 그려져 있다. 『일본산책』은 기메가 본문을 쓰고 레가메가 그림을 그린 것이다. 그들은 요코하마부터 도쿄, 닛코, 도카이도, 이세, 교토와 같이 주로 종교와 관련된 지역을 중심으로 돌아다녔다. 교통수단으로 보통 인력거를 탔고 때때로 가마나 나룻배를 탄 적도 있었다. 숙박은 일본식 여관이었다. 주목할 것은 두 사람이 일본을 보는 것에 서구의 잣대를 가지지 않았던 것이다. 그들은 물론 급속하게 진행하는 근대화, 서구화를 한탄하면서도, 아름다운 자연 속에서 시정 넘치는 일본인의 생활을 찬미하고, 그 예술적 감각의 풍부함을 칭찬하고 있다. 그 여행 중 기메는 교토를 시작해 다다르는 곳에서 스님이나 신관과 만나 종교문답을 시험해보았다. 그리고 틈을 내어 골동품을 샀다. 이렇게 해서 8월부터 11월에 걸쳐서 3개월여의 체재 중에 기메는 종교화 300점 이상, 신불상 600점 남짓, 문서 100권 이상을 구입해 가지고 갔다.

이윽고 기메는 그것들을 컬렉션의 기본으로 해서, 1879년에 고향인 리옹에 미술관을 개설하고, 얼마 안 있어 그것은 파리로 옮겨져 1928년에는 국립으로 이관되었다. 기메가 수집한 방대한 컬렉션은 아시아 특히 일본에 대한 흥미와 동경을 서양인들 안에서 일깨우는 중요한 장치가 되어 지금에 이르고 있다.[12]

3. 고용 외국인

메이지유신 이후 일본은 서양의 정치 사회제도를 도입하고 근대화를 서두르기 위해 많은 외국인을 고용했다. 그중에는 유럽인은 물론 많은 미국인도 포함되어 있었다. 그런 미국인의 한사람 윌리엄 그리피스(William Elliot Griffis, 1843-1928)[13]는

---

12 국립 기메 동양 박물관(Musée national des Arts asiatiques-Guimet)은 기메가 이집트 종교와 고미술품, 그리고 아시아 국가를 소재로 프랑스 파리에 1889년 설립한 박물관이다. 1945년부터 시작된 국가 소장품 재배치 계획의 일환으로 기메 박물관은 소장하고 있던 이집트 유물들을 루브르 박물관으로 넘겨주고, 루브르 아시아 예술부에 있던 소장품을 넘겨받는다. 박물관이 개관하면서 함께 설립된 도서관은 현재 동아시아 및 극동아시아 지역의 고미술과 고고학을 전문적으로 다루고 있으며 10만권의 장서를 소장하고 있다. 아시아 이외의 지역에서 최대의 동양미술컬렉션을 자랑한다.

13 19세기 말 일본과 한국에서 활동한 미국의 동양학자이자 목사로서 도쿄대학교의 교수로 있으면서 일본과 한국 연구에 몰두하였다. 일본사와 한국사에 대한 여러 저서를 남겼으며 특히 『은자의 나라 한국』은 서구인의 시각에서 보았을 때 당시 한국에 대한 왜곡된 인식과 위상

1870년에 후쿠이 소재의 학교에서 교편을 잡기 위해 일본에 왔다. 그리고 6년 후에 일본 체류의 경험을 바탕으로 『The Mikado's Empire』를 지었다. 책의 표지에는 타이틀이 「皇國」이라고 한자로 적혀 있었다. 그리피스는 책의 제1부에는 일본역사를, 제2부에는 자신의 경험에 기초해서 일본문화를 소개하고 있다. 일본의 정치, 사회, 종교, 지리 등에 대한 광범위한 내용으로 영문서적으로서는 최초의 것이다.

그는 제1부에서 일본의 역사를 기술할 때에, 라이산요(賴山陽, 1781–1832)[14]의 『일본외사』를 본보기로 했다고 한다. 예를 들면 호조(北條) 씨에 대해서는 천황의 권력을 찬탈한 반역자라고 하였다. 이 책은 현대의 일본인 독자가 보기에는 낡은 역사관을 가졌다는 느낌은 부정할 수 없지만, 서양에서는 매우 잘 알려진 것 같고 1913년에는 이미 12판이 나와 있을 정도로 당시 일본에 오는 외국인에게 많이 읽혀졌던 것이다.

그리피스 후에 미국에서 온 유명한 고용 외국인으로서는 에드워드 모스(Edward Sylvester Morse, 1838–1925)가 있다. 그는 독학으로 생물학을 전공해 박사를 땄지만 최초에 일본에 온 목적은 생물을 채집하는 것이었다. 모스의 업적으로 잘 알려진 것은 1877년 오모리 패총을 발견한 것이다. 미국에서 조개

이 어떠했는지를 나타내는 자료이다.

14 에도후기의 유학자. 사학에 관심이 깊어 사서를 집필, 막부의 존왕양이(尊王攘夷)운동에 큰 영향을 끼쳤다.

류 연구를 하고 있었던 모스는 완족류가 풍부한 일본으로 연구하러 왔던 것이다. 요코하마에 도착한 지 이틀 후인 1877년 6월 20일, 요코하마에서 도쿄로 기차를 타고 향하던 도중 현재 오모리역을 지나 곧 선로 좌측에 낭떠러지에 조개껍데기의 층이 노출되어 있는 것을 차창으로 보고, 그것이 고대 패총인 것을 직감했다.

그에게 행운이었던 것은 그가 도착하기 2개월 전 메이지 10년 4월에 동경제국대학이 개교하였다. 상경한 모스는 신설된 대학의 이학부 동물학 생리학 교수직을 의뢰받았다. 그 행운은 그가 완족류 연구뿐만 아니라 오모리 패총의 발굴 조사에 유리한 지위와 자금을 확보하는 데에 큰 도움이 되었던 것이다.

발굴된 자료는 토기류를 주로 석기, 골각기, 수골, 인골이 있고, 1879년에 개설된 대학 박물관에 진열되어 채취된 자료의 보고서는 영문판『Shell Mounds of Omori』가 1879년 7월에 동경제국대학 이학부 기요 제1권 제1호에 발표되었고, 일본어편『오모리 개허고물편(大森介墟古物編)』이 같은 해 12월에 이학부회수 제1질 상권으로 간행되었다. 모스는 일본에 생물학을 뿌리 내리게 했다는 점에서 큰 공헌을 했다는 것이다.

그는 보고서의 영문판이 간행된 후 바로 일본을 떠났지만 그 후 재차 일본을 방문해서 도자기나 민속자료 수집에 해당하고, 1880년 이후는 매사추세츠 주 세럼의 피보디 박물관 관장으로 근무했다. 모스가 이른 시기에 모은 민구(民具)자료는 지금도 일본 민속학의 귀중한 자료로 평가되고 있다.

메이지의 일본을 해외에 소개하는 일 가운데 큰 역할을 했던 한 사람으로 영국에서 태어난 교사 바질 홀 쳄벌레인(Basil Hall Chamberlain, 1850–1935)을 들 수 있다. 그는 1850년에 영국 명문가에서 태어나, 1873년 일본에 와 다음해 1874년부터 82년까지 해군사관학교에서 교편을 잡고, 그 후 동경제국대학에서 박언학(博言學), 요즘 말하는 언어학을 강의했다. 쳄벌레인은 당시부터 지금까지 계속되고 있는 <일본아시아협회> 초기의 중심인물의 한 사람으로 유럽 인문학의 전통적 방법과 논리를 이용해 일본을 논한 인물이었다. 쳄벌레인은 1890년에 『일본사물집』을 냈는데 이것은 제목대로 일본의 사정을 넓게 채택하여 기술한 것이기 때문에 그 안에는 아이누[15] 민족이나 류큐[16]의 것도 나온다. 그러한 의미에서 일본의 주변에도 눈

15 일본의 홋카이도와 러시아의 사할린, 쿠릴 열도 등지에 분포하는 소수 민족이다. 근대 이후 일본 정부와 사회는 아이누의 문화와 전통을 미개시하고 그들을 일본인으로 동화시켜야 한다는 인식을 지니고 있었다. 메이지 정부는 아이누의 전통적 생활 관습을 강제로 금지시켰으며, 홋카이도 개척의 과정에서 아이누를 강제로 이주시키며 그들의 토지를 약탈했다. 이에 따라 오랜 기간 독특한 문화를 가꾸어왔던 아이누의 전통 문화는 파괴되었으며, 아이누인들은 억압과 차별을 받아 왔다.

16 일본 오키나와 현에 있던 옛 왕국으로, 류큐는 현재 오키나와(沖縄)의 옛 지명이다. 동북아시아와 동남아시아를 잇는 해상로에 위치하여 무역으로 발전하였고, 중국은 물론 일본과 우리나라의 영향을 받아 독특한 문화를 이루었다. 그러나 약소국으로 오랫동안 중국에 조공을 바쳐야 했으며, 1609년에 일본 시마즈씨(島津氏)의 침입을 받은 후에는 그 지배 아래 놓였다. 이후 1879년에 다시 일본의 침략을 받아 450년간의 왕조를 끝내고 오키나와 현이 되었다.

을 돌리고 있는 셈이다. 또한 당연한 것이지만 이 저서에서 전개된 말은 어디까지나 유럽인 중심적인 것이고, 그런 시점에서 일본이 비쳐지고 있다.

쳄벌레인은 이후 1891년에는 좀 더 실용적인 사용안내를 메이슨과 공동집필했는데, 그것은 기차를 타는 방법에서 시작해서 신사불각이나 미술품의 설명에 이르기까지 정말로 상세하게 적혀 있어, 그 후 일본을 방문하는 많은 외국인이 애용하였다. 쳄벌레인은 또 1906년에는 『고지키(古事記)』[17]를 번역하였다.

이런 쳄벌레인의 『일본사물지(日本事物誌)』나 여행안내서 또는 앞서 이야기한 그리피스의 『The Mikado's Empire』와 같이 일본을 알려고 하는 서양의 사람들을 향한 언어장치가 19세기 후반 이후 점차 쌓여갔던 것이다.

일본을 보는 또 하나의 시선으로는 서양문화에 위화감을 가지고 일본에 온, 그곳에서 자신들의 것과는 다른 문화를 보기 시작하고 강하게 끌린 사람들이 있다. 라프카디오 헌(Patrick Lafcadio Hearn, 1850–1904)이나 포르투칼인 모라에스(Wenceslau José de Sousa de Moraes, 1854–1929) 등이 그 전형이다.

헌은 쳄벌레인과 같이 1850년에 앵글로 아리릿슈의 군의관

---

17 고대 일본의 신화 · 전설 및 사적을 기술한 책. 일본 고대사와 고대문학 연구, 고대 한일관계 연구에 매우 귀중한 자료로 쓰이는 문헌이다. 일본에서 전해지는 역사책 중에서 가장 오래된 것이다.

아버지에 그리스인 어머니로 그리스의 레프카스 섬에서 태어났다. 그는 20살 때 미국으로 넘어가, 5년간의 빈곤한 생활 속에서도 공부를 계속해서, 결국 신문기자가 되었다. 이런 경력이 말해주듯이 헌은 일찍부터 유럽문화권에서 빠져 나온 일종의 아웃사이더라고도 할 수 있다. 그리고 1890년 4월에 통신원으로서 삽화작가와 함께 뉴욕을 출발해 일본에 왔다. 그러나 일본에 와서 바로 보수가 삽화작가보다도 적은 것을 알고 통신원 계약을 파기하고, 아는 사람의 주선으로 마쓰에(松江)[18]중학교의 영어 교사가 된다. 그때 헌의 나이 40세. 그 마쓰에 체재 중에 고이즈미 세쓰와 결혼, 마쓰에성에서 가까운 무가 저택에 살면서 일본연구에 몰두한다.

얼마 후, 마쓰에를 떠나 구마모토 제5고등학교의 영어 교사가 되고, 1895년에는 일본에 귀화, 부인의 성을 따라 고이즈미 야쿠모(小泉八雲)라고 이름 짓는다. 『알려지지 않은 일본의 모습』, 『동쪽의 나라로부터』 등, 일본문화나 풍속을 그린 수필집을 발행한다. 더욱이 일본 전승을 소재로 한 소설집 『마음』을 출판하고, 일본인의 마음의 모양과 아름다운 인정을 해외에 넓게 소개한다.

헌이 보기 시작했던 일본의 이미지는 일본인 여성이나 마쓰에의 시시도 호수의 아름다운 석양, 또는 유령 등의 불가사

18 일본 혼슈(本州) 시마네현(島根縣)의 도시. 이곳에 헌이 살던 집은 사적지로 지정되었고 기념관도 설립되었다.

의, 영적인 것, 신비스러움 등, 일본문화의 기층에 잠재하는 것으로, 그는 이런 것들에 민감하게 반응했다. 그 배경에는 그가 유럽문화에서 벗어난 아웃사이더였던 것을 들 수 있다. 헌은 이런 창작활동을 하는 한편 1896년부터는 동경제국대학 문학부 교수, 1904년 퇴임 후에는 와세다대학교에서 교원생활을 했지만, 1904년 9월 협심증으로 사랑하던 일본에서 사망한다. 향년 54세.

모라에스는 포르투갈의 수도 리스본에서 1854년에 태어나 해군사관으로 마카오에서 근무, 그 동안 처음으로 일본을 방문했다. 1889년의 일이다. 그리고 1898년 해군을 그만두자 일본으로 이주를 결심하고 친구의 주선으로 포르투갈 초대 영사로서 고베에 살았다. 그리고 고국의 잡지에 일본에서의 통신이나 짧은 글을 기고한 것이다. 1900년에는 일본인 여성과 결혼하며 그녀의 고향 도쿠시마로 이주, 그녀의 사후에도 도쿠시마[19]에서 일본을 소개하는 많은 글을 고국 포르투갈에 계속 보냈다.

헌이나 모라에스는 일본에 와서 그곳에서 일본인 여성을 만나, 일본에서 생애를 마감했었지만 일본에 올 기회가 없는 채로 연구를 계속한 것이 아서 웨일리(Arthur David Waley, 1889–1966)이다. 그의 『겐지 이야기』[20]의 번역은 1925년부터 33년에

---

19 도쿠시마시(德島市)의 비잔산(眉山)에 조성된 공원 비잔공원에는 모라에스 기념관이 있다.

걸쳐 출판되었지만, 웨일리는 고전의 세계와 현재의 현실 사이의 어긋남에 환멸을 느낄 것이 두려워 일본에 오지 않았다고 전해진다.

4. 일본미의 재발견

일본의 미술이나 건축의 아름다움에 매료되어 그것을 세계에 소개하고 동시에 일본인에게 커다란 영향을 준 인물로서 페노로사와 타우트를 들 수 있을 것이다. 어니스트 프란세스코 페노로사(Fenollosa, Ernest Francisco, 1853–1908)는 1853년에 미국 매사추세츠 주 세일럼에서 태어나 1878년에 일본에 와서 곧 일본미술에 눈떴다. 그의 일본 고화에 대한 심취는 개인적인 연구나 수집에 이르기까지 곧 일본 미술계를 휩쓸었다. 페노로사는 제자인 오카쿠라 덴신(岡倉天心, 1863–1913)과 함께 감화회를 조직해서 일본 그림을 찬양하고 작가들을 지원했다. 그 활동은 이윽고 동경미술학교(현재의 동경예술대학)라는 국가의 미술교육조직을 만들기까지 하였다. 더욱이 그는 낡은

20 웨일리가 번역한 책의 원전인 〈겐지 이야기〉는 전부 54권으로 70년간을 다루는 대장편 소설이다. 천황의 잘 생긴 아들이며 학문, 무술, 음악에 두루 능통한 이상적이고 매력적인 인물인 히카루 겐지(光源氏)의 사랑 이야기로 궁녀 문학의 정점을 이루었다. 헤이안 시대인 11세기 초 궁녀 무라사키 시키부(紫式部)에 의해 만들어진 작품으로 알려져 있다.

절과 신사의 보물 조사를 통해, 당시 일본 미술품을 보호하는 한편 수장 시설이 없는 것을 통감하고 제국박물관의 설립을 강력하게 주장했다.

페노로사는 귀국하기 전에 자신의 컬렉션을 방일중인 웰드에게 매각하고, 그것을 보스턴 미술관에 기탁했다. 이렇게 해서 보스턴 미술관은 세계 유수의 일본 미술품을 소장하게 되었고, 그는 그 후에도 정열적으로 일본미술 소개에 힘썼다.

페노로사는 이렇게 일본 근대 미술사를 확립하는 데에 큰 힘을 발휘했던 인물이었다. 그는 서양미술의 역사와 완전히 대등한 위상으로 동양의 미술을 받아들여 그 속에 일본을 자리 잡게 해 일본미술에 보편적인 가치를 부여했다.

같은 일이 독일 태생의 브루노 타우트(Bruno Julius Florian Taut, 1880–1938)[21]에 의해서도 행해졌다. 타우트는 1880년 동부 독일의 쾨니히스베르크(Königsberg)에서 태어나 1933년 53세에 부부동반으로 일본에 왔다. 타우트의 일본 방문은 격동하는 시대흐름이 크게 관계되어 있었다. 그는 건축가로서 일본에 오기 전에는 모스크바 건설계획에 종사하고 있었지만 그 무렵 대두한 히틀러 정권의 박해를 예감했다. 따라서 나치정권이 성립하기 직전에 베를린을 탈출하게 되는데 마침 그때 일

21 독일의 건축가. 제1차 세계대전 전에 철강과 유리 등 새로운 소재를 사용한 작품 등을 선보였으며, 상상력이 풍부한 환상적인 건축세계를 스케치하여 출판하기도 하였다. 그의 다양한 공간의상과 예민한 감각은 금세기 건축가 중 가장 뛰어난 것으로 평가된다.

본국제건축회의 초대로 방일하게 되었다.

1934년 8월부터 당시 동경제국대학 농학박사 사토 간지가 다카사키에 있던 별장 「선심정」을 거처로, 다카사키의 현립공예소 위촉교사가 되어 다양한 지역산 공예품을 직접 디자인하거나 품질향상에 노력했다. 그와 동시에 일본 각지의 일본건축을 돌아보았다.

타우트는 3년간의 일본 체재 중에 기능주의[22]의 입장에서 일본 전통건축을 다시 보았고, 장식과잉의 닛코 도쇼구(日光東照宮)[23]를 시시하고 보잘것없다고 했다. 그 대신에 가쓰라리큐(桂離宮)[24] 별장과 이세진구(伊勢神宮)[25]를 칭송했다. 그가 미의

22 기능을 건축이나 디자인의 핵심 또는 지배적 요소로 하는 사고방식. 다시 말하면 건축이나 공예에 있어서 그 용도 및 목적에 적합한 디자인을 취한다면 그 조형의 미는 스스로 갖추어진다는 사고방식을 의미한다. 특히 근대 건축의 아버지라고 일컬어지는 오스트리아의 건축가 바그너는 "예술은 필요에 따라서만 지배된다"고 주장하였으며, 미국 건축의 개척자 중 한 사람인 설리반은 "형태(form)는 기능에 따른다"고 하였다.

23 일본 도치기현 닛코. 도쿠가와 이에야스의 위패를 모신 도쇼궁.

24 일본 교토 서쪽 외곽에 있는 17세기 초에 만들어진 일본 황족의 별장. 일본 건축과 일본 정원의 전형을 잘 보여주는 곳으로 알려져 있다. 17세기에 35년 동안의 건축기간을 거쳐 완성되었다. 고쇼인(古書院)・주쇼인(中書院)・신쇼인(新書院)과 쇼킨테이(松琴亭) 등의 별채・정자・다실이 세워져 있는데, 일본의 엄격하고 절제된 건축과 조경미를 보여준다. 건물의 내부에는 신선한 연출과 세심한 배려는 일본의 전통미를 한껏 보여준다. 한가운데 연못이 있는 전형적인 회유식 정원으로 여러 개의 다실로 둘러싸인 것이 특징이다.

25 일본 혼슈(本州) 미에현(三重縣) 동부 이세(伊勢)에 있는 신궁. 이세신궁의 가장 큰 특징은 20년에 한 번씩 신을 모신 건물들을 옆에 있는 땅에 똑같은 모습으로 세우고, 이전의 건물을 헐어버리는 것이다. 이를 시키넨센구(式年遷宮)라고 하는데, 일본 최고(最古)의 건축 양식으로 짓기 때문에 건물 수명이 20년 정도밖에 되지 않아 20년마다 한 번씩 건물을 새로 짓는다. 일본인이면 누구나 평생에 한 번은 꼭 가보고 싶어 하는 동경의 대상이 되었는데, 지금도 해마다 600만 명에 달하는 참배객이 찾고 있다.

기준으로 삼은 것은 일본의 민가나 차실로 대표되는 소박함이었다. 그런 관점에서 집필된 『일본미의 재발견』은 당시 대두되기 시작한 내셔널리즘과도 매치돼 베스트셀러가 되어, 다시 일본인에게 자신들의 전통적인 아름다움에 관심을 일깨우는 계기가 되었다. 브루노 타우트의 영향은 이후 일본 건축뿐만 아니라 미술 또는 일본문화, 전통문화에 대한 사고방식을 뿌리째 뒤집어엎는 효력을 발휘한 것이다.

5. 전후의 일본연구

19세기의 후반에 구미에서 중국이나 일본에 흥미를 갖고 연구를 한 것은 그 많은 부분이 순수한 지적 호기심 때문이다. 그러나 동시에 거기에는 명확하게 서구열강의 식민지주의적 이해가 작용했던 것도 사실이다. 그 점에 관해서는 에드워드 사이드가 『오리엔탈리즘』이라는 책에서 날카롭게 지적한 바 있다. 그리고 제 2차 세계대전 때부터 전후에 걸친 일본연구는 일본의 적대국들에서 이루어졌다.

영국에서는 제 2차 세계대전 중에, 전쟁 상대국 일본에 관한 연구에 동원된 인력은 근대 유럽문학이나 고전문학 전문가로 어학 능력을 갖춘 사람들이었다. 그들은 전쟁 중 일본어 교육을 받았고, 전후 그 일부는 본래의 전문분야로 돌아갔지만 몇 사람은 그대로 일본이나 일본문화 연구를 계속해 일본학자가 되었다.

그들이 전후 일본연구의 제 1세대이다. 그들의 연구방법은 전통적인 인문학 방법을 따랐지만 연구대상은 R. P. 도어(Dore, Ronald Philip－영국의 비교사회학자)에서 볼 수 있듯이 일본사회의 연구 등으로 폭을 넓혀갔다.

미국에서도 사정은 마찬가지로, 전시 중에 적국 연구로서 시작한 일본학의 첫 성과는 루스 베네딕트(Ruth Benedict, 1887–1948)의 『국화와 칼』이다. 그녀는 일본에는 단 한 번도 간 적이 없고 오직 책에서 얻은 지식으로 일본상을 조직해 갔다. 그 외에도 일본대사가 된 에드워드 라이샤워의 『일본인』, 에즈라 보겔의 『재팬 애즈 넘버원』 등의 업적을 배출한다. 더욱이 쇼와(昭和, 1926–1989) 시대가 끝나고 헤이세이(平成, 1989–) 시대가 되자 미국에서 천황제를 일본사회의 중심 테마로 하는 연구가 시작되었다. 역사학자 허버트 빅스의 『히로히토 평전』[26]은 미국은 물론 일본인도 천황제를 생각하는 데에 매우 큰 자극제가 되었다.

막부말・메이지유신 이후, 일본에 관한 연구는 다양한 형

---

26 히로히토에게 일종의 면죄부를 주었던 그동안의 시각에서 벗어나 히로히토가 사실상의 전쟁 지도자였음을 이야기하는 책. 역사학자인 저자 허버트 빅스는 히로히토가 태어날 때부터 전제군주로 길러졌고, 태평양전쟁에서 누구보다 주도적인 역할을 했으며, 전쟁 책임 문제에서 면죄부를 받을 입장이 아님을 하나하나 밝히고 있다.

태로 행해져 그것이 시대와 함께 축적돼 일본의 이미지를 형성하게 되었다.

크레트만의 일본인상

메이지 정부의 초대로 1876년 2월부터 1878년 5월까지 2년간 일본에 체재한 프랑스인 사관(士官) 루이 크레트만(Louis Kreitmann, 1851–1914)은 그의 일본에서의 자취생활을 일기와 편지로 남겼다. 그는 대학교를 졸업하고 일본에 건너와 메이지 정부의 육군사관 양성에 진력한 인물이다.

프랑스의 대학 역사는 12세기에 교회의 부속학교를 모체로 출발하였다. 이 때문인지 수업 내용도 신학, 법학, 의학, 문학, 이학 등이 주류였으며 공학부에 해당하는 학부는 18세기에 이르기까지 설치되지 않았다. 1789년에 프랑스혁명이 일어나고 혁명의 기운이 유럽 여러 나라로 파급되자, 이를 저지하는 여러 나라, 특히 프로이센과의 사이에서 격렬한 전쟁이 일어났다. 시민과 농민이 주체가 된 프랑스군의 사기는 높았지만 전쟁터에서 다리를 만들고 참호를 파는 토목공학 쪽은 열세를 벗어나지 못했다. 이러자 이 방면의 인재육성을 위한 최초의 그랑제꼴 「토목학교」가 창설되었다. 이렇게 프랑스 혁명기에는 새로운 사상을 전국으로 보급시키기 위한 교원양성을 목적으로 한 「고등사범학교」, 이수계(理數系) 재능을 육성하기 위한 「이공과대학교」 등이 잇따라 개교되었다. 이들 그랑제꼴은 일반 대학과는 다른 고등교육기관으로서, 오늘날에도 극소수의 엘리트를 육성하고 있다. 크레트만 일족이 수학한 「이공과대학교」는 현재는 육군성 아래에 있으며 졸업생 대부분이 정부기관에서 일하고 그 외에 연구자, 군인, 경제인 등을 배출해 왔다.

1983년에 간행된 다케우치 히로시(武內博) 편저 『일본방문서양인명사전(來日西洋人名事典)』에는 막부 말부터 다이쇼에 걸쳐 일본에 체재하며 여러 가지 사업에 종사했던 외국인들이 약력과 함께 수록되어 있다. 이에 의하면 1860년부터 1880년 사이에 일본을 방문한 외국인은 방대한 숫자에 이르며 그들이 활약한 분야는 전도, 사회복지, 외교, 행·재정, 학술·교육, 의학, 산업·기술 등 다방면에 걸쳐 있다. 일본의 근대가 가령 1853년 페리[1] 내항으로 시작한다고 한다면 일본 최초의 대전환은 19세기 후반 구미와의 접촉으로 시작된 것이다. 이 때

[1] 미국의 군인. 동인도 함대 사령관으로 일본 특파 대사를 겸임하였다. 1846년부터 1848년까지 멕시코 전쟁에 참전하였고, 1853년 일본과의 외교 공방 끝에 미·일 화친 조약을 체결하였다. 귀국한 뒤 정부의 위촉으로 『페리 제독 일본 원정기』를 저술하였다.

부득이하게 외부로부터의 변혁을 하게 된 일본은 급격한 사회구조의 변화에 대응하기 위해 많은 외국인을 고용하여 그들의 힘을 빌려 정치・경제・사회의 근대화를 힘껏 추진했던 것이다. 그 중에서 군제(軍制) 개혁은 구미 열강의 동아시아 진출이 현실화된 만큼 초미의 급선무였다.

막부는 1856년 군제개정 담당을 임명하고 강무소 건설을 명령했다. 이것은 이른바 종합적인 무술훈련소로서 유파를 불문하고 사범을 등용하여 창술, 검술, 포술, 수영 등을 가르쳤다. 그러나 그 후의 사태는 이러한 개정으로는 그들의 군사력과의 차이를 메우는 것이 도저히 불가능하다는 것을 자각시켰다. 급속한 발전을 이루고 있는 유럽의 군사기술을 어떻게 배우고, 무엇을 도입할 것인가 그리고 본격적인 사관양성을 어떻게 하는가가 긴급한 문제였다. 그리고 그 때 채용할 군사기술을 통일할 필요가 있었는데, 막부가 오랫동안 본보기로 해 온 네덜란드식을 계속할 것인지 영국식으로 할 것인지, 혹은 프랑스식을 채용할 것인지가 문제가 되었다. 막부 내부에는 영국・프랑스 쌍방의 군제를 지지하는 그룹이 있었다고 하는데, 막부는 이웃나라 청의 아편전쟁[2] 이후의 영국의 행동

[2] 1840–1842년 사이에 영국과 청나라 사이에 일어난 전쟁이다. 아편수입으로 인한 피해와 은의 유출을 막기 위하여 청의 선종은 아편무역 금지령을 내리고, 임칙서를 광둥에 파견하여 영국 상인의 아편을 불태워 버리고 밀수업자를 처형했다. 이에 영국은 무역의 보호를 구실로 해군을 파견해 전쟁이 발발, 청나라가 패하고 난징조약이 맺어졌다.

을 알고 있어 영국에 대한 경계심을 강하게 갖고 있었다. 또 이를 둘러싸고 영국의 올콕 공사와 그 뒤를 이은 팍스 공사, 프랑스의 럿슈 공사 사이에서 허허실실의 외교전이 펼쳐졌다.

그 결과 1865년 10월에 막부는 군제를 프랑스식으로 통일하게 되었다. 선수를 빼앗긴 영국은 반격을 도모하지만 대세를 뒤집지는 못한 채, 막부는 프랑스와, 양이(攘夷)[3]에서 개국으로 전환한 사쓰마 번은 영국과 손을 잡는 형국이었다. 이렇게 프랑스인 기술자 베르니(Léonce Verny, 이공과대학교 출신자)의 지도 아래 요코스카(橫須賀)에 최초의 조선소가 개설되어 1866년 5월에는 샤노와 대위 이하 교사단이 일본을 방문하여 프랑스 전습이 개시되었다. 전습대(傳習隊)는 맨 처음에는 신개지 요코하마의 오타(大田) 병영에 설치되었는데 후에는 에도에서 행해지게 되었다.

1. 군사고문단

막부 말 메이지의 프랑스·일본 관계 연구자인 크리스찬

---

[3] 천황을 받들고 외국을 배척하자는 것으로 1859–1864년에 걸쳐 하급 사무라이들 중심이었다. 그들은 암살과 테러를 전술로 삼고, 국가의 위기와 싸우기 위해 어떠한 희생도 치를 각오를 하고 있었다. 그들은 천황에게만 자신의 몸을 바치기로 결심하고, 주군인 다이묘에 대한 충성을 포기하고 출신 번을 벗어났다. 전국 각지에서 사무라이는 이제 쇼군이 살고 있는 에도로 올라오는 것이 아니라 천황이 살고 있는 교토로 모여들었다. 교토는 유폐된 도시에서 구국의 사명감으로 충만한 사무라이로 들끓는 정치적 중심지로 변모했다.

폴락(Christian Polak) 씨의 조사에 의하면 일본을 방문한 제1차 프랑스 군사고문단은 전부 19명(사관 6명, 하사관 12명, 퇴역하사관 1명)이었다. 그들의 지도로 2개 대대 1400명으로 구성된 막부의 전습대(傳習隊)는 프랑스 군복을 모방한 복장을 착용하고 소총, 대포를 다루는 법을 배우고, 막부군의 중핵적인 존재가 되어 갔다.

이 기간 동안 국내의 정치상황은 긴박했다. 1867년 10월 14일에는 막부 토벌의 밀칙이 사쓰마와 조슈 양쪽 번에 내려지고, 이날 도쿠가와 요시노부(德川慶喜)는 대정봉환(大政奉還).[4] 이듬해 1월 3일 교토의 도바(鳥羽) · 후시미(伏見)에서 막부군과 사쓰마군이 격돌하며 보신전쟁(戊辰戰爭)[5]이 발발하였다. 프랑스의 군사고문단은 주전론(主戰論)을 주장했지만 요시노부는 어디까지나 순순히 복종하겠다는 뜻을 밝히며 에도성 명도(明渡)를 결정했다. 1월 25일 열강 각국은 보신전쟁에 대해 국제법에 의한 국외 중립 포고를 발표하고 이에 동반하여 프랑스 군사고문단도 해산했으며, 요코하마로 돌아가 쇼군 직속 부하의 집에 각각 수용되었다.

그런데 고문단 중에는 막부군에 대해 고분고분하지 않은

---

4 1867년 10월 14일 일본의 에도 막부시대 말기, 막부의 쇼군 도쿠가와 요시노부(德川慶喜, 1837–1913)가 일왕(日王)에게 국가통치권을 돌려준 사건.

5 일본 메이지 정권이 도쿠가와 막부에게 권력의 반환을 요구하자 이에 불복하여 친(親) 에도막부 세력이 무진년(戊辰年)인 1868년 일본 전토에서 벌인 내란 사건.

사람도 있었다. 그들이 훈련한 전습대는 에도 개성 후에도 오토리 게이스케(大鳥圭介)가 인솔하는 군에 들어가 싸웠으며 에노모토 다케아키(榎本武揚)의 해군함정도 건재했다. 이런 상황 속에서 매슬로, 브뤼네 두 사람의 사관과 가즈누브(Andre Cazeneuve) 이하 4명의 하사관은 퇴역 신청서를 내고 몰래 요코하마를 탈출, 결국 9명의 프랑스 군인이 아이즈번 전투와 에노모토군의 하코다테(函館) 고료카쿠(五稜郭)에서의 전투에 참가했다. 그러나 역사에서 밝혀진 대로 막부측은 패배했고 꿈이 깨진 브뤼네 일행은 이 해 6월에 일본을 떠난다.

메이지 신정부의 최대 과제는 어떻게 천황의 군대를 만드는가에 있었다. 이에 대해서는 오무라 마스지로(大村益次郎)[6] 등이 주장하는 농민을 중심으로 한 국민개병론과, 오쿠보 도시미치(大久保利通)[7] 일행의 사쓰마・조슈・도사 세 번을 중핵으로 하는 신병에 의한 건군론(建軍論)이 대립했다. 결과적으로는 신정부의 병부대보(兵部大輔)에 취임한 오무라는 오사카에 병학료(兵學寮)[8]와 조병사(造兵司)[9]를 만들고, 또 막부 시절부터 요코

6 일본육군창설자.

7 메이지유신을 성공으로 이끈 유신삼걸(維新三傑) 중의 한 사람으로 일본의 근대화 정책을 적극적으로 추진하였다. 1876년에는 강압적인 방법을 통해 조선과 강화도조약을 체결한 인물이기도 하다.

8 일본육군사관학교의 전신. 오사카에서 창설됨.

9 메이지유신에 따른 사회・경제적 혼란으로 전통적인 상업, 유통도시의 기능에 심대한 타격을 입은 오사카는 조병사(造兵司), 조폐국과 같은 관영 공장을 유치하여 근대적인 군사, 공업 도

하마에 있던 프랑스어학교를 군무관의 관할로 하고 장교 후보자들에게 프랑스어 공부를 시키며 이것을 기정사실화했다. 구·사쓰마 번사였던 신정부 요인들은 영국식 군대를 주장했지만 구·막부 신하라고는 해도 프랑스식 병학을 배운 자가 다수 있어 긴급할 때 이것을 유용하게 써야 한다는 오무라의 합리주의가 받아들여져, 1870년 10월 육군은 병식을 프랑스식, 해군은 영국식으로 한다는 공식발표가 포고되었다. 이 결과 1872년 5월 17일에 마르크리 이하 16명의 제2차 프랑스 군사고문단이 일본에 왔다. 그들 중에는 줄던 공병대위 등 제 1차 고문단에 추가된 4명도 들어가 있었다. 일행의 숙소에는 미야케자카(三宅坂)의 구·히코네번(彦根藩)의 번저(藩邸)가 배정되어 메이지 정부 아래서도 프랑스 군인들에 의한 군대 양성이 행해졌다.

루이 크레트만은 이 제 2차 군사고문단의 교대요인으로 일본에 온 것이다. 그의 나이 24세 때였다.

2. 일기

루이 크레트만이 마르세유를 출발하여 요코하마에 도착한

시로의 전환을 꾀했다.

것은 1876년 2월 7일 아침이다. 루이는 마르세유를 출발했을 때부터의 일을 정성들여 세밀하게 일기장에 계속 적었는데, 그것에 의하면

> 8시에 올셀과 비에이야르 두 사람의 대위가 깨웠다. 그들은 나를 기다리기 위해 요코하마에서 밤을 보냈던 것이다. 그들이 프랑스 경비정 『탈리스만』을 보러 간 동안 나는 짐을 정리했다. 정박지에는 50척 정도의 배가 있었다. 마자레호(타고 온 프랑스 우편선)와 타나이스호가 가장 아름다웠다. 가득 실은 마지막 배로 상륙한 뒤, 우편선 지사(支社)인 코닐이 우리들을 점심식사에 초대해 주었다. …… 요코하마는 정연하고 청결한 마을이었는데 홍콩만큼 아름답지는 않다. 이것이 첫인상이다.

이것이 루이가 일본에 대해 품었던 최초의 감상이다. 이렇게 루이의 일기와 고국의 가족 앞으로 보낸 많은 편지에는 젊고 호기심에 가득 찬 프랑스인 눈에 비친 메이지의 일본이 생생하게 그려지게 된다.

요코하마에 도착한 이날, 서양식 레스토랑에서 점심식사를 하고 있는데 한 통의 문서가 도착했다. 도쿄의 프랑스 군사고문단장 뮤니에가 보낸 것으로, 오늘 밤 야마가타 아리토모(山縣有朋)[10] 군사경이 고문단 멤버를 위해 만찬회를 개최하니 가

능한 빨리 도쿄로 와 주기를 바란다고 되어 있었다. 그래서 루이 일행은 오후3시 출발 기차를 타고 도쿄로 향했다. 요코하마(橫浜)－신바시(新橋)간 철도는 4년 전에 개통되었고 신바시까지 55분, 요금은 1엔이었다. 그들은 군사고문단의 숙소인 구・이이 가몬노카미(井伊掃部頭) 저택(일기에서는 「가몬님 저택」이라고 부르고 있다)에 도착한 후 곧장 예복으로 갈아입고 만찬회장인 하마리큐(浜離宮)[11]로 향했다. 만찬회를 위한 방의 장식은 「유럽풍의 싸구려 금빛 장식과 일본의 작은 보석을 뒤섞어 놓은 것」이었고, 붉은 바지를 입고 홍백색의 깃털로 장식된 독일풍의 군모를 쓴 군악대가 일본의 군악을 연주하는 속에서 만찬회가 시작되었다.

요리는 프랑스 요리로 루이는 이때의 메뉴를 소중히 찍어 나중에 부모님께 보냈다. 그것으로 우리들은 스프로 시작해 사슴고기의 메인요리, 과자, 치즈, 과일 디저트까지 16가지의 저녁 식사 내용을 알 수 있다. 루이는 이렇게 이국에서 만난 여러 가지 것에 흥미를 가지며 그것을 기록하고 사진으로 찍었으며 문서, 그림, 메뉴 등을 수집하여 보존했다.

---

10 일본 의회제도 체제 아래 최초의 총리. 서양의 군사제도를 받아들이는데 힘을 쏟았으며, 1894년 청일전쟁 때 조선에 주둔하는 제1사령관, 1898년 원수가 되었다. 1903-1909년 이토 히로부미와 함께 번갈아 추밀원 의장직을 맡았고, 러일전쟁을 승리로 이끌어 공작 작위를 받았다.

11 일본 도쿄도 주오구(中央區)에 있는 도쿠가와 바쿠후(德川幕府)의 정원. 메이지유신 후에는 황실의 별궁이 되어 이름이 하마리큐(浜離宮)가 되었다.

크레트만은 처음에는 「카몬님 저택」에 임시로 머물지만, 3월 말에는 황거(皇居)의 북서부 해자에 가까운 거리에 그를 위한 집이 신축되었다. 가까운 곳에는 영국대사관이 있고, 거기서 직장인 사관학교로 매일 통근했다. 이 집에서 찍은 사진이 남아 있으며 루이는 방의 배치까지 적어 남기고 있다. 대지는 약 540평, 거기에 벳토(別当)[12]와 가정 일을 돌봐주는 젊은 일본인 여성과 살았다.

이렇게 분명하게 공개된 루이의 일상은 흥미롭지만, 자신의 집에 정착한 그가 먼저 간 곳은 당시 요코하마에서 발행되었던 <The Japan Gazette>나 프랑스어 신문 <L'Echo du Japon(일본의 메아리)>에 게재된 광고를 보고 경매에 나가서 테이블, 의자, 모포와 같은 일용품과 희귀한 일본의 골동품 등을 사들이는 것이었다. 루이도 19세기 말에 프랑스에서 열병을 치른 자포니슴(Japonisme)[13]의 영향을 받고 있었던 것이다.

3. 일상

루이가 일본에서 보낸 최초의 편지는 도착한 다음 날인 2

---

12 메이지시대에는 황족의 여러 집에 근무하는 직원 중의 수석직원을 가리킨다.

13 19세기 중반이후 프랑스로부터 시작하여 20세기 초까지 서양 미술 전반에 나타난 일본 미술의 영향과 일본적인 취향 및 일본풍을 즐기고 선호하는 현상을 이르는 말이다.

월 8일이다. 이 무렵 일본과 프랑스 사이에서는 한 달에 두 번의 비율로 입항하는 프랑스 우편선이 편지를 운반하고 있었다. 마쓰모토 준이치(松本純一) 씨의 노작 『요코하마에 있었던 프랑스 우편국』에 의하면, 일본이 만국우편연합에 아직 가맹되어 있지 않았던 그 당시, 일본에 체재하는 프랑스인이 조국으로 편지를 보내기 위해서는 일본 우표와 프랑스 우표 두 가지를 모두 붙이고 일본의 우편국에 가지고 가면, 우편료는 그것을 요코하마의 프랑스 우편국에 배달하고 프랑스 우편국 손에서 우편선으로 위임한다는 번거로운 절차를 밟았다고 한다. 그리고 일본어가 서툰 외국인에게는 각자의 주소가 새겨진 스탬프가 건네졌다. 루이 크레트만의 편지에도 「5번초」라고 하는 스탬프가 찍혀 있다.

루이는 편지에 신천지에서 만난 여러 가지 일을 때로는 몇 통의 편지로 연재하며 보고하고 있는데, 일본 정부의 법률고문으로서 1872년부터 1876년까지 4년간 일본에 체재했던 조지 부스케(George Bousquet)는 당시 프랑스의 유력지 『양세계평론(兩世界評論)』에 일본 정치와 경제, 문화에 대해 정기적으로 기고하며 프랑스에서도 관심이 높은 일본의 사정을 전했다. 부모님이 사는 스트라스부르(Strasbourg)의 어느 출판사가 루이의 편지에 대해 듣고 잡지에 싣고 싶다고 제의하자 아버지가 편지로 알렸지만 루이는 그 제의를 거절했다.

편지에 적은 것은 개인적인 인상이며 출판을 목적으로 하는 글을 쓰려면 지금의 일을 그만두고 일본어를 본격적으로 공부해 일본의 역사나 종교를 연구할 필요가 있다. 또 자신은 프랑스 육군의 관할 아래에 있어 허가 없이 문장을 발표할 수 없다는 것이 이유였다. 이렇게 그의 귀중한 견문은 손자에 의해 공개되기까지 1세기 이상 잠들어 있게 되는데,[14] 모두 루이 자신이 일본어를 수첩에 적어 넣으며 자신만의 단어장을 만들고 입수하는 자료를 모아 갔던 것이다.

루이는 곧장 일본 생활에 녹아든 듯했다. 신변을 돌봐주는 사람은 물론이고 이웃 사람들도 모두 친절했다.

> 마을 전체가 나를 알고 있으며 많은 일본인이 길을 가면서 곤니치와(konichiva), 곤방와(kombava), 오하요(ohayo)라던지, 마치 형제나 친구와 같이 인사해 줍니다. 특히 멀리서 나를 발견하면 뛰어와서 내 손을 잡는 작은 남자 아이가 있습니다. 그리고 나와 같은 외국인과 나란히 걸어가는 것입니다.
>
> –1876년 6월 23일 편지

루이는 근처의 포목상과 아는 사이가 되었다. 어느 날 포목

14 손자인 피에르 크레트만은 조부의 일기와 편지를 활자로 만든 책자 제2권 『여행일기・서간선집』을 편찬할 때 전체를 「일본도착」, 「군사고문단」, 「루이 크레트만」, 「에도(도쿄)에서의 일상생활」, 「일본인 사회」, 「일본에서의 외국인 사회」, 「여행・일본발견」, 「일본출발」의 항목으로 분류 정리하였다.

상 여동생의 무용 사범이 세 명의 소녀를 데리고 와서 춤을 보여준 일이 있었다. 소녀들은 아주 신기하다는 듯 집 이곳저곳을 돌아보고 그의 침대에도 기어들어가려고 했다. 이날은 이웃 사람들과 그의 동료도 찾아와 즐거운 한때를 보냈다. 이 때 촬영한 것이라고 추측되는 사진이 남아 있다.

이 외에도 빈번하게 일어나는 화재와 지진 등의 모습이 일기와 편지에 기록되어 있다. 공기가 건조한 겨울에는 매일같이 화재가 있었다. 하지만 복구도 빨라 2주면 화재가 났던 터에는 벌써 집이 세워졌다. 토목전공인 루이도 매우 놀랐다.

4. 육군사관학교

메이지 정부의 육군사관학교는 1874년에 제정된 조례에 의해 발족하여 이치가야(市ケ谷)에 교사(校舍)가 건설되었다. 학생의 수학 연한은 기병 2년, 포병, 공병은 3년이었다. 일본인 교관은 학교장인 소가 스케노리(曾我祐準) 소장 이하 약 70명, 프랑스인측은 1873년 일본에 온 부장인 뮤니에 대좌 이하 민간인을 포함해 17명이다.

루이 크레트만은 이공과대학교를 졸업한 후 또 공병학교에서 공부했으며 일본에 왔을 때는 공병 중위였다. 그는 육군사관학교에서는 측량, 지도 작성, 축성술을 전문으로 가르치며 그 외에는 수학과 화학을 담당했고 강의는 프랑스어로 했다. 막부 말에 설립된 프랑스어학교에서 공부한 일본인 중에는 프랑스어를 아는 학생도 있었지만 루이에게는 오타(太田)라는 통역이 붙어 있었다. 교과서는 루이가 새롭게 집필하여 그것을 일본인 교관이 번역한 것이 사용되었다.[15] 루이는 이때 겨우 24세밖에 되지 않았지만 공병학교를 수석으로 졸업한 수재로서 앞날을 내다보고 군사고문단의 교대 요원으로 보내졌던 것이다.

루이가 남긴 사진 속에는 학생들의 모습이 남아 있다. 모두 프랑스식 군복을 몸에 두르고 긴장한 모습이 엿보인다. 육군사관학교의 학생들은 어떻게 선발되었을까. 이에 대해서는 1877년 5월 2일자 루이의 편지에 다음과 같은 기술이 있다.

> 새로운 입학자를 기다리는 동안에도 강의는 중지되지 않았다. 이번 입학자는 100명이 될 것이고 다음 달 초에 입학한다. …… 100명의 입학자에 900명의 후보자가 있었

---

15 남겨진 사료 중에는 『지리도학교정강본(地理圖學教程講本)』, 『영구축성교정강본(永久築城教程講本)』, 『산학교정강본대수학보(算學教程講本代數學補)』, 『화학교정강본(化學教程講本)』이라고 하는 19권의 교과서가 존재한다. 이것들은 일본식 책으로 표지에는 그의 이름이 한자로 「屈烈多曼」이라고 쓰여 있으며 가타카나로 루비가 달려 있다. 또 수학과 화학 교과서에는 야마구치 치에(山口知重), 우에하라 로쿠시로(上原六四郎), 오쿠라 세이지(小倉政二)라는 번역자의 이름도 기록되어 있다. 루이의 프랑스어 원고의 일부도 발견된 것으로 보아 그가 먼저 프랑스어로 집필하고 그것을 일본어로 번역하여 당시의 최신기술이었던 석판 인쇄로 교과서를 만들었을 것이다. 글 속에 삽입되어 있는 그림이나 화학식 등은 모두 정교하게 인쇄되어 있었다.

다. 이것은 거의 생시르(Saint-Cyr, 프랑스의 사관학교)와 똑같다. 입학시험이 실시된다는 것을 전국에 알리기 위해서는 조금 더 시간이 걸린다. 그들의 입학을 기다리는 동안 예비역군과 근위병을 창설하는 일을 계속하고 있다. 만약 예고대로 갈로팡이 도착하면 서둘러 그에게 이양하지 않으면 안 된다. …… 줄던 대위가 여기서 약 1리 거리의 시나가와(品川) 해안 가까이에 요새를 하나 쌓을 계획을 연구할 의도가 있다는 것을 명확하게 하고 모레 함께 토지를 보러 가게 되었다.

-1877년 5월 2일 편지

이것들을 보면 루이는 학생에게 군사이론을 가르치는 한편, 외국의 압력을 앞에 두고 국방체제 구축을 서두르는 메이지 정부를 위해 프랑스식 채색 지도라고 불리는 최신 기술로 일본 각지의 지도를 만들고 요새 구축 등 실제적인 면에서도 활약한 것이다.

루이 크레트만이 일본 체재 중에 조우한 최대의 정치적 사건은 1877년 2월에 일어난 세이난전쟁(西南戰爭)[16]이었다. 육군사관학교의 학생들도 진압부대로서 동원되어 그 역시도 그 형세에 강한 관심을 가졌다. 루이는 11월 19일자 편지에서 「이

16 1877년 일본 서남부의 가고시마(鹿兒島)의 규슈(九州) 사족(士族)인 사이고 다카모리(西鄕隆盛)를 앞세워 일으킨 반정부 내란. 이 싸움은 메이지유신(明治維新) 초기 사족의 최대・최후의 반란이었는데, 정부는 이 반란을 제압함으로써 권력의 기초를 확립하게 되었으며, 이후의 반정부운동의 중심은 자유민권운동으로 방향을 선회하였다.

이틀 동안 도쿄는 축제로 떠들썩합니다. 이것은 바로 얼마 전 종결된 전쟁으로 죽어 간 사관과 병사의 추억에 바치는 것입니다. 이곳에서는 전사자의 명예를 칭송하는 데에 불가사의한 풍습이 있습니다. 슬프면 슬플수록 떠들썩하게 즐기는 것입니다」라고 보고하고 있다. 일본을 뒤흔든 세이난전쟁은 인상이 강렬했던 듯하여, 그는 이때 나돌았던 전쟁장면이나 승리 후의 정부군 고관들이 술잔을 주고받는 장면을 그린 풍속화 등을 모아 고향으로 보냈다.

5. 여행

루이 크레트만에게 부활제와 여름휴가의 연 2회 휴가는 큰 즐거움이었다. 그는 이 휴가를 이용하여 친구들과 함께 미지의 나라 일본을 돌아보았다. 그의 여행일기에 의하면 일본에 온 해의 4월에 하코네(箱根),[17] 아타미(熱海),[18] 오시마(大島), 7월부터 8월에 걸쳐서는 나가사키(長崎)로 발을 옮기며 이듬해 1877년 3월에는 고베(神戶), 아리마 온천(有馬溫泉), 교토(京都), 나라(奈良), 오사카(大阪)로 간사이 구경을 즐겼다. 이때의 여행은

---

17 산과 호수와 삼림의 수려한 풍경과 많은 온천, 게이힌(京濱) 지방에 가깝다는 3가지 조건에서 전형적인 관광지역으로 발전하였다.

18 이즈 반도(伊豆半島)에 있는 일본 최대의 온천・관광도시이다.

6월 초까지 장기간에 이르렀다. 그리고 마지막 여행은 1877년 여름휴가에 닛코(日光)[19]와 아사마산(淺間山)을 찾아간 것이었다.

첫 여행인 하코네 여행은 교사 동료인 브곤과 비에가 함께였다. 그들은 2주 정도의 여행을 위해 빵 25일분과 포도주 24병, 거기에 감자를 준비하여 요리사와 루이의 집에 있는 프랑스어를 조금 할 수 있는 벳토(別当)를 동반했다. 그들은 요코하마에서 기차를 타고 그 앞에 여섯 대(짐 운반용 1대를 포함)의 인력거를 동반하여 여행했다. 단 여행을 할 때는, 1876년 4월 5일 일기에 「대좌(뮤니에)가 2장의 <표찰> 혹은 육군성의 허가장를 주었다. 하나는 나의 도쿄 체재를 허가하는 것이고 또 한 장은 부활제 동안 시모다(下田)까지 여행할 수 있는 허가장이다」라고 있는 것처럼, 하나하나 허가가 필요했다. 외국인이 자유롭게 국내를 여행하며 돌아다닐 수 없었던 것이다.

이러한 여행지에서의 견문은 모두 생동감 풍부하며 에도에서 메이지로 근대화를 추진하고 있던 당시 일본의 풍속을 생생하게 전하고 있다. 그리고 그것은 단순한 인상기(印象記)에 머물지 않고 여행 중의 주된 중계지간의 거리를 「리(里)」[20] 단위로 기록하며 들렀던 마치(町)[21]나 지나간 무라(村),[22] 혹은 도

[19] 1617년 도쿠가와 이에야스(徳川家康)의 위패를 둔 도쇼궁(東照宮)이 건조된 뒤 그 문전(門前) 도시로 발전하였다.

[20] 지방 행정 구획의 최소 단위. 50호로 1리를 삼음.

[21] 지방 자치 단체의 하나. 일반적으로 시(市)보다는 작고 리(里)보다는 크다.

중의 풍경을 간결하고 요령 있게 묘사하고 있다.

법률로 이미 금지되어 있던 남녀 혼욕의 풍습이 지방에서는 아직 남아 있는 것에 놀랐고, 섬에 도착하면 마을 사람들이 호기심어린 눈으로 맞아 주었으며, 나가사키(長崎)에서는 그 광경이 나폴리 이상이라고 감탄했다. 간사이(關西)여행은 마침 세이난(西南)전쟁이 한창이어서 요코하마(橫浜)에서 탔던 배에 마지막으로 900명의 병사가 동승해 몸도 움직일 수 없는 상태였다. 배를 탄 여행의 재미는 없었고 많은 사람들이 배멀미를 했다고 전하고 있다. 여행지인 교토(京都)에서는 기요미즈데라(淸水寺)[23]와 난젠지(南禪寺) 등을 둘러보았다.

루이가 남긴 자료 중에 535점에 이르는 사진이 있다. 그 전부를 루이가 촬영했는지는 명확하지 않고 구입한 것도 적지 않을 것으로 추측되는데, 거기에서 하나의 특징을 찾을 수 있다. 사진의 대부분이 단순히 인물과 풍경을 촬영한 것이 아니라, 지역의 지형, 다리, 집의 구조 등에 관심을 가지고 촬영하고 있다. 그가 체재했던 1876년부터 1878년에 걸친 일본은 유럽에서 새로운 기술을 도입한 시대이며 다리도 목조 다리에서 철제나 석제다리로 바뀌기 시작했고, 루이는 각지의 다리와, 신바시(新橋), 요코하마(橫浜), 고베(神戶)역의 구내사진을 많

22 지방 자치 단체의 최소 단위. 우리나라의 면에 상당.

23 일본 교토부(京都府) 남부의 교토에 있는 절.

이 남기고 있다. 루이의 여행은 즐거운 것이었지만 그 여행지 에서도 직업적 관심이 작용하고 있었다는 것을 알 수 있다.

헌의 일본연가

라프카디오 헌(Lafcadio Hearn, 1850-1904)은 고이즈미 야쿠모(小泉八雲)의 이름으로도 알려졌으며 일본문학의 중요한 존재가 되어 있다. 서구 세계에 일본문화를 알린 가장 좋은 소개자의 한 사람이었을 뿐만 아니라, 메이지 이후 근대화를 진행하는 과정에서 일본을 잃어 버렸을 지도 모르는 일본인의 혼, 고향을 일본인들 스스로에게 생각나게 해주었던 사람이기도 했다. 영어에 의한 일본의 민화를 재생시킴과 동시에 『알려지지 않은 일본의 모습』이나 『일본-하나의 해석 시도』 등을 시작으로 많은 저서에서 날카로운 통찰이 가득한 일본문화론을 전개했다.

헌의 성장과 경력은 복잡하다. 영국계 아일랜드인 아버지와 그리스인 어머니라고 하는 다문화 가정에서 커 가는가 했는데 이혼한 부모와 생이별하고 떠돌이로 살아가는 운명이 되었다. 일본에 오기 전에는 미국에서 신문기자로서, 이후 카리브해에서 기행작가로 문필활동을 계속해 크레올 문화의 선구적 발견자였던 사실은 주목할 만하다.

이문화(異文化) 속에서 살며, 주변인이었던 헌은 서구 문화와 사회에 대해서만이 아니라, 일본문화와 사회에 대해서도 양의적인 관계에 놓여 있었다. 서양사회와 멀리 거리를 둔 채로, 일본에서 서구문학을 강의한 헌, 제국대학에서 지위를 얻으면서 제도개혁에 의해 내몰린 헌, 동서양문화에 대해서 동시에 인사이더인 것과 아웃사이더인 것이 혼종된 헌. 불가피하게 분열된 아이덴티티는 정신적 부담이었지만 그것을 창조로의 전환을 시도한 헌이었다.

1. 일본 발견

다작가

헌은 일본에서는 괴담작가로 유명하지만 일본에 관한 수많은 책을 영어로 출판하였다. 1890년에 일본에 와 세상을 떠난 1904년까지 일본에서 지냈다. 불과 14년 동안에 이렇게 많은 책[1]을 출판했으니 실로 다작의 작가이다.

---

[1] 대표작으로 『괴담』 외에 『치타 Chita』(1889), 『동쪽 나라에서 Out of the East』(1895), 『마음

사실은 이것이 전부가 아니다. 일본 체재 중에 출판된 것 이외에도 많이 있다. 헌 자신이 출판한 것은 아니지만 헌의 사후에 출판된 것, 예를 들면 동경제국대학에서 헌이 한 강의를 정리한 것이나 저널리즘 관계의 작품도 있다. 또 헌의 서간집도 있는데 매우 많은 편지를 썼던 것 같다. 그리고 다양한 화제에 대한 메모도 남아있다.

헌은 기행작가로서 일본에 왔다. 카리브해 지역을 여행하고 그곳에서 쓴 기행문은 꽤 성공을 거두었다. 헌의 뉴욕 시절에 『하파』라는 잡지 문예담당 편집자가 일본에 가보지 않겠냐는 권유도 있었고, 본인도 아시아에 대한 흥미를 가지고 있었기 때문에 캐나다 태평양 철도회사로부터 여행지 기사를 써서 보내는 조건으로 여비를 타냈다. 그런데 일본에 도착하자마자 난감해진다. 『하파』측으로부터 경제적 원조를 받을 수 없게 된 것이다. 그러나 일본에 머무를 생각으로 헌은 마쓰에의 학교에서 일자리를 얻는다.

민담의 재탄생

일본에서 헌은 「설녀」나 「귀 없는 호이치」의 작가로 유명하다. 가장 잘 알려진 작품이기 때문에 일부 소개한다.

Kokoro』(1896), 『부처의 나라 선집 Gleanings in Buddha-Fields』(1897) 등 여러 권이 있다.

미노요시는 얼굴에 내리는 눈에 눈을 떴다. 작은 방의 문이 열려 있었다. 눈빛으로 방에 한 사람의 여자가 있는 것을 보았다 — 전신이 새하얗다. 여자는 시게사쿠의 위에 몸을 굽혀 입김을 내뿜고 있었다. 그 뱉어내는 숨은 하얗게 빛나는 연기와 같았다. 거의 동시에 그녀는 방향을 바꾸어 미노요시의 위로 몸을 웅크렸다.

–「설녀」에서

몇 백 년 전, 아카마세키에 호이치라는 이름의 맹인이 있어 비파를 연주하며 이야기하는 기예로 이름을 널리 떨치고 있었다. 어린 시절부터 연주하며 이야기하는 기예를 연마해 왔다. 어려서 이미 스승의 영역을 넘어있었다. 비파법사로서 특별히 이름을 올린 것은 「겐페이의 성쇠 이야기」에 의해서였다. 단노우라의 전투 대목을 이야기하면 "귀신조차도 참지 못하고 눈물을 흘렸다"고 한다.

–「귀 없는 호이치」에서

이 이야기들은 많은 사람에게 읽혀지고 있고, 헌이 만들어낸 불가사의한 망령의 세계는 지금까지도 독자를 매료시키고 있다. 헌의 일본에 관한 저술 중에서 가장 재미있는 것이 『괴담』이다. 오늘날 많은 독자가 전형적이라고 느끼는 일본 민담의 특색은 실은 헌이 확립시켰다. 외국인 저널리스트가 옮겼으니 대단한 공적이다. 이러한 이야기가 실은 영어로 적혀진 것으로 후에 다른 사람에 의해 일본어로 번역된 것이다. 헌은 어떤 편지 안에서 「불멸의 소품을 하나 쓰고 싶다」고 했다. 안데르센과 같이, 민담을 기초로 하여 소박하면서도 전 세계의 독자 마음에 심금을 울리는 이야기를 써보고 싶다고 했다. 물론 헌이 저술한 유명한 이야기는 대부분 일본의 이야기를 바탕으로 만들어졌다. 지역의 구전자가 말하는 이야기를 스스로 수집한 것, 그 예가 「설녀」이다. 아내가 들려주었던 고전에서 얻은 정말 작은 힌트에 살을 붙여 이야기로 만든 것, 그 예가 「귀 없는 호이치」(1780년대의 고전 『와유기담(臥遊奇談)』의 삽화를 번안)이다. 헌은 정말 두세 행의 힌트가 있으면 그것을 이야기로 만들 수 있었다. 헌은 일본 민담의 위대한 선구자였던 것이다. 헌은 학구적이고 체계적 민담 수집가와는 달리 어디까지나 창작가였다.

동서의 가교

서양에서 특히 예술과 문화에 관심이 있는 사람들에게 헌의 작품은 오랫동안 가장 읽기 쉽고 재미있고 손에 넣기 쉬운 일본 가이드북과 같았다. 일본에 대해 알고 싶어 하는 서양인은 우선 헌을 읽었다. 외교관이나 교수 등 일본에 대한 전문가가 헌의 작품을 그다지 평가하지 않는 경향이 있는데, 그 사람들은 헌의 일본관이 너무 인상주의적이고 주관적이라는 이유로 그다지 신용하지 않는다. 그러나 문학이나 예술에 관심이 있어 헌을 읽었던, 예를 들면 시인 W.B. 예이츠와 같은 사람들은 헌을 주목하였고, 유명한 도공인 버나드 리치도 헌의 작품을 읽고 일본에 관한 책을 읽기 시작했다. 헌의 작품은 서양과는 다른 일본의 문화, 일본의 독자성을 이해하는 데 일조했던 것이다.

2. 크레올 발견

주지하다시피 헌은 일본에 오기 전, 이미 신시내티, 뉴올리언스, 말티닉[2] 등의 각지에서 꽤 재미있는 기사를 쓰고 있었다. 신시내티에서 쓴 것은 센세이션을 불러일으키는 기사, 뉴올리언스에서 쓴 것은 지방색이 짙은 기사, 그리고 마지막 말티닉 섬에서 쓴 것은 묘사적인 기행문이라는 식으로 보다 실험적인 스타일로 옮겨 가고 있었다.

프레드릭 스타(Frederick Starr)가 『뉴올리언스의 창출』이라는 책 속에서 오늘의 뉴올리언스의 이미지를 만들어 낸 것은 저널리스트 헌이라고 언급했다. 그리고 말티닉 섬에서는 섬사람들의 일상생활이나 풍경을 묘사한 누구보다 소중한 작가이고, 크레올 문화연구의 선구자라고 알려져 있었다.

[2] 서인도 제도의 프랑스 해외 현(Départements d'outre-mer, DOM)

3. 일본과 한마음이 되어

헌은 자신이 사는 나라에 깊숙이 들어가고 싶어 했다. 헌은 일본의 서민과 함께 살고 싶었던 것이다. 단지 여러 곳을 방문하거나 여행하며 돌아다니는 것이 아니라. 일본에서 생활하고 싶었다. 그곳에 사는 사람들과 같은 생각을 공유하고 싶었던 것이다. 어느 편지에서 헌은 이렇게 말했다. 어떠한 나라든지 그 나라를 에펠탑 꼭대기에 선 시선으로 보려고 하는 사람은 싫다고. 헌은 지상에 내려와 사람들의 진정한 살아가는 모습을 보고 싶었던 것이다.

헌은 실제 그 정도로 모든 면에서 일본사회와 융합할 수 있었다. 외국인 교사, 외국어 신문 기자, 동경제국대학에서는 영문학 교수를 지내 서민과의 거리감을 줄이기 쉽지는 않았을 텐데 온갖 수단을 다해서 극복했던 것이다. 짧은 기간이었지만 헌의 눈으로 보면 변경의 땅에서 살았고, 다른 외국인이 방문한 적도 없는 섬에도 찾아 나섰다. 또한 헌은 일본인 가족과 함께 살며 가족의 습관을 자신도 받아들였다.

4. 또 다른 시선

인력거에서 본 일본

「동양에서 최초의 하루(The First Day in the Orient)」에서, 헌은 요코하마의 외국인 거주지를 나와 일본인 마을을 보러 갔던 때의 모습을 적고 있다. 신사불각을 돌아보는 동안 발견한 일본 문자. 가게 앞이나 간판 또는 직원들의 작업복 등에 적힌 한자의 중요성을 깨달았다. 비록 그 한자를 읽지 못해도 헌이 생각하기에는 일본인에게 한자가 얼마나 중요한 것인지, 서양의 알파벳과 비교해 한자가 일본인의 생활 속에서 차지하는 역할이 어떻게 다른지를 이해했을 것이다. 헌은 인력거꾼의 안내로 이곳저곳 인력거로 둘러봤지만 몹시 지친 몸으로 겨우 호텔에 도착했다.

> 잠자리에 들어가 꿈을 꾼다. 엄청난 수의 불안하고 신비로운 한자가 내 주위를 한 방향으로 날아간다. 간판이나 벽이나 짚신 신은 남자의 등에 쓰여진 흑백의 표의문자에는 감각이 있고, 살아 움직이는 것 같이 보인다. 마치 곤충과 같이, 몸의 부분 부분이 움직이고 있다, 기묘하게도. 그리고 자신은 늘 마치 소리를 내지 않는 환영과 같은 인력거를 타고 집들이 늘어선 좁고 밝은 길을 빠져나가고 있다. 그리고 늘 어김없이 눈앞에는 인력거꾼이 쓰

고 있는 버섯모양의 거대하고 하얀 삿갓이 보이고 있다.

헌은 언제나 인력거꾼을 대동하고 일본을 보고 있던 것뿐이라고 비판하기도 한다. 실제로 일본인 생활 속까지 들어가 있지는 않다고. 물론 헌이 완전히 일본인이 되어 생각하는 것은 불가능하다. 그러나 중요한 것은 헌이 일본에 뼈를 묻을 심정으로 완전히 다른 문화 속에 몸을 두려고 했던 것, 그 문화 속에 들어가 다른 시점에서 보려고 한 것은 평가할 만하다. 그 덕분에 서양의 독자에게 일본은 생생한 존재가 되었던 것이다. 헌의 일본해석은 일본을 서양의 아류로 보지 않고 일본을 독자의 완결된 세계로서 그것을 안쪽에서 보고 그리려고 한 것이다.

그럼에도 헌의 이국취미는 자주 비판받고 있다. 독자 중에서는 헌은 실제로 일본의 풍물을 기묘하고 로맨틱하고 그리고 유니크하게 그리려 했다고 느끼고 있는 사람들이 있다. 확실히 때로는 헌은 이국취미를 너무 과장하고 있었는지도 모른다. 하지만 헌은 독자에게 임팩트를 주어 일본 것에 대한 견해를 바꾸어 새로운 눈으로 보게 하려고 시도한 것이다.

일본 여성

헌은 『일본-하나의 해석의 시도』에서 다음과 같이 일본 여성에 대해 언급하였다.

일본이 만들어낸 것으로 가장 훌륭한 미는, 상아 공예품도, 브론즈도, 도자기도 아니고, 도검이나 금속공예품이나 칠기의 걸작도 아니라, 여성이라고 자주 말해 왔다. 물론 지금의 일본여성이 완성되기까지는 몇 천 년의 시간이 걸렸다. 이 도덕적인 창조물 앞에서는 비평은 입을 다물어야만 할 것이다. 왜냐하면 그 도덕적 매력이 이기주의와 투쟁하는 세계에서는 적합하지 않다는 점만 빼면 무엇 하나 결점이 없기 때문이다. 우리에게 칭찬을 강요하는 것은 일본여성이 도덕적 예술가이고, 서양세계에서는 도저히 도달할 수 없을 것 같은 이상의 실현자이기 때문이다. 도덕적 존재로서 일본여성은 일본남성과 같은 인종이라고는 생각되지 않는다고 반복해서 말해 왔다. 일본여성은 일본에서만 이해되지 않는다. 평범하지 않은 일본사회이기 때문에, 구시대의 교육에 의해 만들어지고 갈고 닦여진 일본여성이 지닌 도덕성의 매력, 그 섬세함, 이기적이지 않은 것, 아이와 같은 경건한 모습과 믿는 마음, 주변 사람을 행복하게 하는 모든 방법과 수단을 남모르게 감지하는 훌륭한 능력, 이것들은 평범함으로는 말할 수 없는 일본사회에서만 이해되고 높이 평가받는 것이다.

이것은 일본 여성을 찬미한 일종의 산문시다. 이것을 읽은 서양 여성 중에는 일본 여성이 서양 여성과 비교해 도덕적으로도 예술적으로도 낫다고 말한 것을 불쾌하게 생각한 사람이 많다. 일본의 페미니스트 중에서도, 헌이 일본 여성을 유형화하고 너무 지나치게 기대했다며 불쾌하게 생각한 사람이 있다. 실제로 모든 일본 여성이 그렇게 도덕적이지도 않으며 그렇게 자기희생적인 것도 아니다. 중요한 것은 이 문장은 역사적 배경 속에서 이해해야 한다. 그런데도 당시의 서양에서 일본 여성의 이미지는 게이샤의 이미지와 혼동되어 있었다. 헌은 이런 이미지를 깨고, 일본 여성도 서양의 여성과 같으며, 오히려 더 도덕적이라고 말하고 싶었던 것이다.

그렇다고는 해도 다소 이상화되어 있는 느낌이 든다. 헌의 작품을 읽고 있으면 여성의 다른 측면을 강조하는 기술을 만나게 된다. 이것도 사회 속에서의 여성의 역할을 해석하기 위한 하나의 시도라고 볼 수 있다.

일본의 인사이더

서양에서는 헌의 일본에 대한 시각이 너무 후하다거나 치우쳐 있다고 자주 비판받았다. 헌이 쓴 것은 헌 자신의 경험과 관찰에 근거한 극히 개인적인 것이다. 그것은 헌이 쓴 편지에 더욱 명확하게 나타나 있다. 부지런하게 글을 쓰는 헌은 그때그때 하고 있던 것, 생각하고 있던 것, 느끼고 있던 것을 기록하고, 많은 편지를 보냈다. 헌은 지면에 자신의 세계를 생생하게 되살리는 능력이 뛰어났고, 우리들은 헌이 살아가는 방법을 손에 잡힐 듯이 상상할 수 있다. 헌은 1893년 친구 쳄벌레인에게 도쿄 생활을 기록하고 보냈다.

챔벌레인에게

시험삼아 나의 어느 날의 생활을 써보니 이렇다.

아침 6시 : 자명종 시계가 조그만 소리를 냈다. 아내가 일어나서 옛날 무가식 인사로 나를 깨운다. 나는 일어나 앉아 불씨가 꺼진 적이 없는 화로를 이불 옆으로 끌어당겨 담배를 핀다. 하인이 방에 들어와 넙죽 엎드려 서방님 안녕하십니까라고 인사하고 덧문을 연다. 그동안 다른 작은 방에서는 선조의 위패 앞에 작은 등불을 켜고, 불교의 경을 읊고 공물을 바친다. 나는 담배를 다 피고 툇마루에서 얼굴을 씻는다.

7시 : 아침 식사. 매우 가볍게 달걀과 토스트. 한 스푼의 위스키를 넣은 레몬에이드와 블랙 커피. 아내가 식사 시중을 들고 나는 조금이라도 함께 먹으려고 늘 권한다. 그러나 아내는 매우 조금밖에 먹지 않는다. 그 후 인력거꾼이 온다. 나는 양복으로 갈아입는다. 처음의 나는 아내가 정해진 순서로 몸에 걸칠 것을 넘겨주고, 포켓에 넣을 물건을 확인하는 일본식 관습이 좋지는 않았다. 남자를 게으름뱅이로 만든다고 생각했다. 그러나 내가 반대하면 오히려 아내의 마음에 상처를 입히는 것이 된다고 느꼈기 때문에 옛날부터의 관습을 따르는 것이다.

7시 반 : 전원이 현관에 배웅 나온다. 하인들은 현관 밖에 줄지어 선다. 주인이 양복을 입고 있을 때에는 하인이 서는 것이 의무로 되어 있다. 새로운 관습을 따르는 것이다. 나는 담배에 불을 붙이고, 나를 향해 뻗어있는 손에 키스를 하고(이것만이 유일한 서구의 습관), 학교로 향한다.

(4, 5시간 경과한 후)

돌아오셨습니다, 라는 인력거꾼의 소리에, 아침과 같이 전원이 현관에 나와 마중하고, 다녀오셨습니까, 라고 인사를 한다. 그리고 도움을 받으며 양복을 벗고 기모노로 갈아입는다. 방석과 화로가 준비되어 있다. 쳄벌레인 씨나 메이슨 씨에게서 편지가 와있다. 저녁식사…

라고 계속된다.

오후 3시부터 4시 : 매우 더우면 전원이 낮잠을 잔다. 하인들은 교대로 낮잠을 잔다. 시원하고 쾌적하면 모두 일한다. 여자들은 바느질을 하고 남자들은 정원 일 등 자질구레한 일을 한다. 아이들은 놀러간다.

아사히신문이 온다.

6시 : 입욕 시간

6시 반부터 7시 반 : 저녁식사

8시 : 모두가 상자 모양의 화로 주위에 앉아, 아침신문을 읽어 들려주거나 이야기를 하거나 한다. 신문이 오지 않는 날이 있으면 여자 아이들도 같이 묘한 게임을 한다. 그 틈틈이 어머니는 바느질을 한다. 나의 경우는 밤은 거의 글을 쓰면서 보낸다. 만일 누군가 손님이 방문해 오면 아내 외에는 손님이 돌아가기 전까지 모습을 나타내지 않는다(대단한 손님의 경우). 초저녁과 함께 신이 돌아온다.

낮에는 공물을 바치기만 하지만 밤이 되면 특별한 기도를 올린다. 작은 등불을 켜고, 나 이외의 가족 전원이 순서대로 기도를 읊고, 깊이 예를 올린다. 모두 내가 취침 시간을 알릴 때까지 기다린다. 가끔 글 쓰는 데 열중해서 시간을 잊어버리는 경우 별도이지만…. 때때로 책을 읽으면서 잠들어 버리는 적도 있다. 또는 침상에 연필을 가지고 들어가 계속 글을 쓴 적도 있다. 그러나 어떤 때라도 옛날부터의 관습에 따라, 아내가 먼저 자는 경우는 허락을 받으러 온다. 얌전한 것도 정도가 지나치다고 생각해 이 관습은 그만두게 하려고 했던 적도 있었지만, 결국 아름다운 관습이고 마음 깊이 새겨진 것이기 때문에 그만두게 할 수도 없었다. 이것이 나의 하루의 개략이다. 그리고 잔다.

–1893년 10월 11일자 첌벌레인에게 보내는 편지

일본의 아웃사이더

헌도 자신이 전적으로 이방인이라고 느꼈던 적이 있다. 편지에 헌이 친구 메이슨과 함께 전차를 타고 있었던 때의 일이 적혀 있다. 두 사람 다 일본여성과 결혼해, 일본 생활에 인생을 걸고 있었던 사람들이다.

전차의 마주보는 쪽 자리에 아이를 동반한 작은 체격의 어머니들이 앉아 있었다. 어머니도 아이들도 보기에 사랑스럽고, 순백의 버선을 신은 작은 발은 이 세상의 것이라고 생각되지 않았다. 메이슨은 부드러운 눈길로 이 가련한 광경을 바라보고 말했다. "우리들에게 이쪽과 같이 마음을 터놓아준다면 좋을 것을". 민감한 서양인에게 일본에서의 생활이 어떤 것일까. 틀림없이 궁극의 답이 이 중얼거림 속에 담겨져 있다. 이루 다 말로 표현할 수 없는 공감의 결여, 그것은 아마 이해가 완전하게 결여된 결과 바로 그것이지만, 확실히 고문이다. 지금 일본생활을 계속한다는 생각만으로 점점 두려움이 더해져, 눈앞을 가로막는다.

-1894년 7월 22일자 쳄벌레인에게 보내는 편지

5. 우라시마 환상

만년에 헌은 일본에 있기가 불편하고, 어딘지 다른 곳에 가고 싶은 생각이 들었는지도 모른다. 동경제국대학에서의 직장을 잃었을 때는 배신감에 사로잡혔다. 그 후 와세다대학에서 얘기가 있어, 죽기 조금 전 와세다에서 가르치기 시작했다. 비평가 중에서는 처음에는 일본에 몰두했던 헌도 머지않아 환멸을 느끼고, 그로부터 일본의 진귀함도 희박해져, 일본의 현실을 있는 그대로 받아들이게 됐다고 하는 사람도 있다.

헌의 걸작은 자신의 곤란을 말하는 것이다. 이 걸작들은 인상기, 이야기, 개인적 반응, 관찰, 이론화의 시도 등 여러 가지로 나눠지지만, 모두 자신이 살고 있는 주위의 세계를 이해하려고 한 자세의 표현이다. 『동쪽 나라로부터』에 수록되어 있는 에세이 「여름날의 꿈」에서 그가 머물렀던 여관 이야기를 들어보자.

> 이 여관은 나에게는 극락과 같이 생각되었다. 평소와 같이 유카타를 입고, 썰렁하고 부드러운 다다미 위에 앉아 사랑스러운 목소리의 여종업원들에게 시중을 받으며 아름다운 것에 둘러싸여 있다. 이렇게 하고 있으면 19세기의 모든 슬픔으로부터 구원받은 것 같은 생각이 들었다.

헌이 여행을 하기 위해 인력거꾼이 오는 것을 기다리고 있을 때 여관의 이름이 '우라시마야'라는 것을 알았다. 헌은 우라시마타로 이야기를 생각하기 시작했다.

> 그렇게 해서 삽화나 시가나 격언 등, 이 전설이 한 민족의 상상력에 끼친 영향에 대해서 생각했다. 어느 모임 석상에서 이즈모의 무희가 우라시마로 분장해 손에 옻칠한 작은 상자를 가지고 춤추는 것을 본 적이 있다. 비극적인 순간에 작은 상자에서 확 피어오른 것은 교토의 향연기였다. 아름다운 춤이 예로부터 전해져 내려오는 것을 생각하고, 또 거기서 수세기도 지난 과거의 무희들의 모

습을 생각하고, 그리고 또 허무하게 사라지는 <먼지연기>라는 상념에 이르렀다. 더욱이 이로부터 인력거꾼의 짚신이 차올린 현실의 모래 먼지의 이미지가 떠올랐다. 그 인력거꾼에게 불과 75전 지불하고 하게 된 것이지만

헌은 자신이 관찰하고 있는 것과 개인적인 추억을 구별하지 못했다. 그래서 시와 같이 아름다운 일절로 옮겨 갔다. 많은 독자는 헌이 아득히 먼 옛날, 어려서 헤어졌던 그리스인 어머니에 대해서 썼다고 생각한다.

나에게는 태양이나 달이 지금보다 더 크게 보였던 장소와 그곳에서 신비로운 시간의 추억이 있다. 그것이 이 세상의 것인지, 전생의 것인지는 모른다. 그러나 확실히 하늘은 더 푸르고, 더 대지에 가까웠다. … 그리고 그 나라와 시간은 나를 행복하게 하는 것만을 생각해주고 있는 <선녀와 같은 사람>이 평화롭게 다스리고 있었다. … 해가 지고 달도 얼굴을 보이지 않고, 온통 빛을 잃어버린 때, 그 <선녀와 같은 사람>은 기쁜 나머지 머리끝에서 발끝까지 오싹오싹하는 이야기를 들려주는 것이었다. 그 절반 정도의 아름다운 이야기도 두 번 다시 들은 적이 없다. … 그러나 나는 그곳에 두번 다시 돌아가지 않는다. 세월이 흘러 어느 날 내가 깨달은 것이었다. 자신이 신통력을 잃어버렸다는 것, 그래서 자신이 어떻게 할 수도 없

어서 부쩍 늙어 버렸다는 것을.

헌은 자신을 우라시마타로와 중첩시켜 생각하고 있다. 그러나 동시에 공장에서 피어오르는 회색 연기로 상징되는 공업화에 의해 잃어버린 세계와, 일본의 전통문화에 대해서도 이야기하고 있는 것이다.

일본문화의 열풍

아랍풍의 터번을 쓴 남성들이 나체의 여성 주위에 모여 치아 상태를 들여다보고 있다. 여성은 흑발이지만 피부색은 아랍인과 백인과도 구별이 안 된다. 화가는 장 레옹 제롬(Jean Léon Gerôme, 1824-1904)으로 프랑스 제 2제정 시대, 궁정화가의 지위에까지 올라 제 3공화정 하에서는 미술아카

• 〈노예시장〉장 레옹 제롬, 1866

데미 회장까지 역임했다. 그의 경력에서 분명히 알 수 있듯이 당시 프랑스 화단의 세속적 명성의 정점을 찍은 남성이다. 또한 이 작품도 유럽사회의 입장에서는 당시 아랍권에 남아 있던 노예시장을 고발하고 그 부도덕성을 지탄하는 역할을 했다.

그런 의미에서 이 그림은 오히려 사회정의, 그리고 식민지 경영에 의한 「문명화」의 사명을 고발하는 시각적 메시지로서 정당성을 얻었다. 화면의 선정성이야말로 도의적으로 비분강개할 구조인 것이다.

때로는 야만적인 풍습을 그린 <뱀 부리는 사람>은 지금이라면 아동학대로 고발당할 소지가 다분하다. 동방의 고대 유적의 폐허에 과거의 영광을 숨기고, 거기에 과거의 역사 그림을 재현해 보이려는 역사화. 이러한 장르가 19세기를 통해 동방취미 회화로 불리며 유럽의 전람회뿐만 아니라 미술시장에서 무시할 수 없을 만큼 인기를 얻고 있었다. 제롬은 이런 장르의 대표적 화가이다. 1849년부터 이듬해에 걸쳐 작가 귀스타브 플로베르(Gustave Flaubert, 1821–1880)와 함께 동방여행을 과감하게 떠난다. 개발도상국의 습성사진 촬영을 위해 무거운 도구를 현지에 가지고 들어간 막심 뒤 깡(Maxime du Camp, 1822–1894)은 실제 카이로에서 이와 같은 인신매매가 이루어졌다고 증언한다. 마치 카메라로 촬영한 듯한 세밀한 묘사와 화가의 주관을 배제한 부드러운 붓 터치가 그림에서의 진실성을 보여주고 있다.

이와 같은 19세기 이후의 서양의 동방취미 회화 전통을 전제로 해서, 그 후에 나타난 자포니슴(Japonisme)과의 관계를 살펴보고자 한다. 19세기 후반의 표상으로서의 일본이 어느 정도까지 선행한 동방취미 회화 전통의 뒤를 잇고 있는지, 반대로 어떠한 점에서 일본취미 현상은 앞서 일어난 동방취미회화의 전통과는 이질적인 것인지. 그리고 거기에 단절이 인정된다고 한다면 그것은 무엇이며, 어떠한 상황이 그와 같은 단절을 가져왔는지, 또한 그 단절은 서양의 표상 일본에 어떤 충격을 주는 역사적 · 문화적 현상이었던 것인지를 알아본다.

1. 오리엔탈리스트 회화에서 자포니슴으로

제롬은 1863년에 <퐁텐블로에서의 샴 외교단 알현>을 제작한다. 때마침 프랑스 황제 나폴레옹 3세는 인도차이나로 진출하려고 했다. 서쪽의 버마는 대영제국의 지배하에 있었다. 중간에 끼인 샴 왕실은 프랑스의 사이공조약체결(1862)에 앞서, 영불양국에 외교사절단을 파견한다. 황제 나폴레옹 3세의 면전에 납작 엎드린 사절단의 자세를 보고 이것이야말로 신하된 자세라고 칭찬하는 무리도 있었지만, 자유주의자인 테오필 토레(Théophile Thoré) 등은 거기에서 「표본대에 올려져 있는 곤충의 예」를 보고, 제롬의 주제는 언제나 매춘(prostitution)이

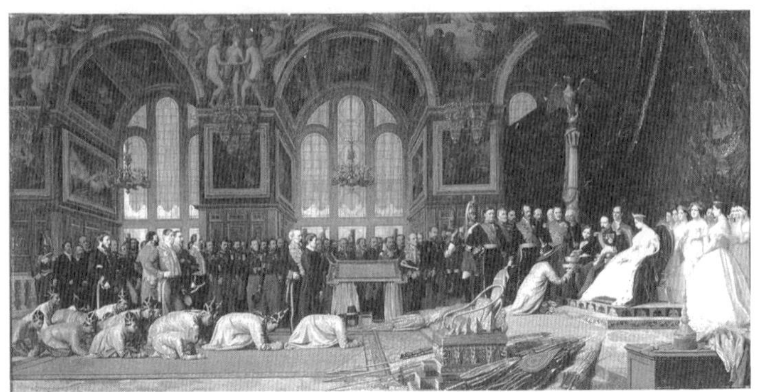

• 〈퐁텐블로에서의 샴 외교단의 알현〉, 장 레옹 제롬, 1863

나 엎드려 절하는 것(prostration)이라고 분개했다. 제롬의 동방취미 회화가 제정에 의한 성적 혹은 정치적인 타자 지배를 정당화하는 이데올로기 장치이며, 끝까지 계산된 외설성에 혐오를 느끼는 동시대의 비평가도 있었다. 실제로 제롬은 이 작품의 공식 주문을 계기로 황제 전속 궁정화가로 출세하고 스스로 정치적·세속적인 권력을 공고히 다진다. 그리고 그림의 대상을 인도의 동쪽, 샴 왕국까지 확장한 동방취미 회화에 일본열도까지 시야에 넣게 되는 것이다.

이듬해 1864년, 파리에 있던 드소와(Desoye) 부인이 경영한 일본상품점에서 일본의상이 몰래 도난당하는 모습을 윌리엄 로세티가 기록했는데, 일본의 고소데[1] 등의 기모노를 사 모아

[1] 소맷부리가 좁아진 형태의 일본옷. 처음에는 소박한 통소매의 속옷이었으나 차츰 웃옷으로 발전되었음.

그것을 재료로 작품을 그렸던 사람이 제임스 티소(James Tissot, 1836–1902)였다. 입는 방법은 알지 못한 채 일본 여인들이 웃옷으로 입었던 고소데는 이 무렵 입욕 후의 속옷으로 인기가 있었던 모양이다. 일본 여인처럼 보이지 않는 풍만한 여성의 나체가 일부 노출된 작품 등은 제임스 등의 동방취미의 연장선상에 위치한다. 이국 풍물을 구실로 하고 있지만 다소 선정적인 풍속화이다. 그런데 인상파 화가들과도 교우가 있었던 티소에게 큰 행운이 찾아온다. 1867년 파리 만국박람회 참가에 즈음하여 도쿠가와 막부는 막부의 대표로 쇼군의 동생인 도쿠가와 아키타게를 파견하기로 한다. 이 사절단의 「도회교사」로 임명된 것이 다름 아닌 티소였다. 제롬이 샴 대사를 모델로 한 것과 같이, 티소는 프린스 아키타게의 초상화를 제작하는 영광을 얻게 된다. 의상이나 풍속, 문장 등은 이국적인 특징으로 무시할 수 없지만, 그것을 충실하게 복제하는 동안에 화가는 의

• 〈입욕하는 일본 아가씨〉, 제임스 티소, 1864

식하든 못하든 그와 상관없이 서구와는 이질적인 미적 감각을 접해가게 된다.

1880년대가 되면 티소는 수변 요정에서 무희들과 집단으로 무용을 피로한다든지, 어린 소녀들의 춤을 구경한다든가 하는 모자를 쓴 서양남자라는 주제로 그리고 있다. <이국의 방탕아>라는 제목에서 알 수 있듯이 이 장면은 신약성서의 유명한 우화를 기초로 하고 있다. 티소는 방탕아가 돌아다니는 곳을 극동 중에서도 그 끄트머리 일본을 선택하고 이 화제를 현대풍으로 꾸몄다. 그런데 일본이라는 새로운 풍물을 다루는 데 일인자가 자기라고 자부하는 티소가 그 주제 선택에 결코 흥미 본위가 아니라, 기독교의 교훈에 기초한다는 점을 주장하는 화가의 도덕적인 강박관념이 드러나 있는 것이다. 실제로 오리엔탈리스트 회화에서 동방의 풍물을 취재하는 것보다 사실적이고 진리에 충실한 기독교 회화를 실현한다고 하는 견고한 종교적 신념이 그 제작이나 취재여행을 정당화하는 이유로서 자주 거론된다. 티소의 경우 이러한 종교적 뒷받침은 자신의 연인의 죽음으로 기독교에 귀의한 상황에서 한층 더 강화되어, 그의 만년에는 예루살렘 근교의 풍물을 취재한 종교화로의 회복을 꾀하게 된다.

2. '일본'이라는 표상장치

티소의 방탕아는 우선 일본으로의 탈출을 의미하면서 결국은 서양 사회로의 회귀를 의미하는 것처럼 보인다. 하지만 그 후, 탈출과 복귀의 경계선상에서 머뭇거리게 되고, 서구로의 회복은 실패라는 경우마저 등장하게 된다. 이 경계의 사례를 몇 가지 검토해 보고자 한다.

• 〈살로메〉, 앙리 르뇨, 1870

티소보다 조금 더 젊은 세대에 속하는 앙리 르뇨(Alexandre Georges Henri Reg-nault, 1843-1871)는 보불전쟁에서의 전사로 유작이 된 <재판 없이 처형하는 그라나다의 무어인 왕>으로 유명해진 화가이다. 여기에서는 알람브라 궁전이라는 역사적 환경을 이용하여, 목이 잘려 살해되는 피비린내 나는 주제로 관중의 가학적인 취미를 자극하는 전형적인 동방취미 회화의 문법이 효과적으로 연출되어 있다. 아랍(혹은 이슬람)사회의 잔혹함을 그리는 것이 암묵적인 서양 사회 혹은 기독교 사회의 건전함의 자기 확신에 도움이 된다는 표리의 관계는 작금의 할리우드 대중오락 모험영화에 답습되는 스테레오타입의 표상이다. 참으로 우등생적인 동방취미 화가의 신성인 르뇨는 그 이전인 1870년 살롱에 <살로메>를 출품하여 일약 주목을 받게 된다.

모델의 무릎에 대야와 칼을 얹고 있는 모습에서 서양 종교화의 전통적인 회화 언어를 알고 있는 사람은 사도 요한의 참수를 쉽게 이해할 수 있을 것이다. 하지만 그러한 예비지식이 없는 감상자로서는 영락없이 미소 짓고 있는 여인이 앉아 있는 세속 풍속화 정도로 오인할 수 있을 만큼 성서를 환기하는 종교적인 무대장치가 부족하다.

이 작품에 대해서는 작가인 에드몽드 공쿠르(1822-1896)가 흥미로운 증언을 남기고 있다. 공쿠르는 유럽에서의 일본열풍, 즉 자포니슴을 유행시킨 장본인이라고 자랑스럽게 생각하는 인물이다. 그것만으로도 그의 증언에는 스스로에 대한 자화자찬이라는 것을 어느 정도 이해하고 듣지 않으면 안 되겠지만, 그 자신은 이렇게 주장하고 있다. “20년 전이었다면, 도대체 누가 일부러 여성에게 노란색 옷을 두르게 하고 그림을 그리려고 했을까. 르뇨의 일본풍 <살로메>가 나온 것을 필두로 해서, 그런 것도 가능해진 것이다. 유럽의 관점에 극동의 위풍당당한 색채가 이렇게 유무를 막론하고 도입된 것, 이것은 회화와 복식의 진정한 혁명이다”. 노란색은 서구에서 전통적으로 복식에서는 무시당하는 색이었다. 티소는 성서의 우화를 그리는 데에 방탕아가 돌아다니는 곳으로 일본을 그럴듯한 무대로 제공했지만, 여기서는 사정이 역전되어 성서의 장면이 극동의 복식 채색으로 입혀진다.

그때까지의 극동취미 회화는 어디까지나 서양 회화의 문법을 바탕으로 중동의 풍물을 그렸다. 하지만 그것이 티소에 의한 무대설정에서 어느새 성지도 유럽도 아닌 극동의 일본을 선택하는 일탈을 제시한다. 이는 성서 묘사의 측면에서는 전대미문의 사건이다. 르뇨에 이르러서 서구의 팔레트에서는 기피되던 색채로 성서의 정경을 착색하기에까지 이르게 된다. 극동의 미술이나 복식에서 보이는 색채효과가 서양회화의 묘사법의 쇄신을 도모하고, 패션 유행에 이르기까지 계속해서 영향을 주게 된다. 이것이 사실이라고 한다면 이것은 그때까지의 오리엔탈리즘의 구도를 전환하는 새로운 조류일 것이다. 왜냐하면 지금까지의 극동취미 회화가 이른바 서양의 회화문법이나 채색규칙을 외부의 동방세계에 적용하는 진출과 확대의 운동이었다고 한다면 그 이후의 일본취미는 반대로 일본의 채색이나 일본의 사물보기 방식이라는 외부의 문법이 유럽 내부에 침투하여, 극동의 위풍당당한 채색이 이렇게 유무를 막론하고 도입되어, 유럽 내부의 회화와 복식의 진정한 혁명이 달성되었다는 사태이기 때문이다. 공쿠르는 그것을 가리켜, 「노예의 한 민족 프랑스에, 예술의 영역에서 일본으로부터 가져온 혁명은 이 얼마나 희한한 일인가」라고 평가했다.

3. 일본 표상에서 표상장치의 일본적 일탈

주제의 일탈, 채색의 「황화(黃禍, yellow peril)」가 만연하고, 서구 아카데미 회화의 골격을 이루는 공간표상에 이상한 기운

• 〈키어사지호와 알라바마호의 해전〉, 마네, 1864

이 감돌게 된다. 인상파의 형님격인 마네(Édouard Manet, 1832-1883)가 1872년에 살롱에 출품한 <키어사지호와 알라바마호의 해전>이 그 전형이라 할 수 있을 것이다.

화면 아래의 3분의 2를 파란 수면이 차지하고, 그 때 남북전쟁을 셀부르해에서 싸웠던 남북미 군함 2척이라는 주제는 화면 상단의 구석에 쫓겨 가 있는 듯한 파격적인 구도로 그려져 있다. 살롱의 희화에는 아래의 파란 부분은 바다의 수직단면도이고, 오른쪽 아래의 정체불명의 물체는 바다 속 물고기들이 수면의 해전을 올려다보는 형상이다, 라고 해설하고 보여주는 일도 있다고 한다.

당시의 해경도 문법을 완전히 무시한 마네의 이러한 특이한 구도, 혹은 일탈한 원근법을 비평가 쥘 클라레티(Jules Claretie)는 1872년 살롱 평에서 「지나친 일본적 투시도법」이라는 평가를 내리고 있다. 마치 그것에 대답이라도 하는 것처럼 마네 자신은 「왜냐하면 나의 투시도법은 학사원 따위와는 다르기 때문이다」라고 응수했다. 이는 클라레티가 다른 곳에서 전한 증언이다. 서양회화의 인습적인 공간표상 문법을 타파하기 위해서 마네는 의도적으로 미술학교나 미술 아카데미의 추천 문법을 거스르고, 그 주위에 있었던 비평가가 거기에 일본식 공간표상의 지나침을 인정하는 사태가 발생했던 것은 의심할 여지가 없다. 그리고 시인 스테판 말라르메(Stéphane Mallarmé, 1842-1898)는 다음과 같이 추후에 인정하고 마네를 옹호했다.

> 만약 우리가 자연적인 투시도법(즉 우리의 눈을 문명적 교육으로 기만하는 참으로 인공적·고전적인 과학이 아니라, 오히려 일본과 같은 극동에서 우리들이 배운 예술적인 투시도법)으로 돌아가, 마네의 해경을 본다면 거기서 수평선이 화면의 테두리까지 들려 올라가 테두리의 그늘에서 마침내 잘려지는 것을 보며 우리들은 거기서 긴 시간 숨겨져 있던 진실을 다시 한 번 마주할 수 있는 새로운 기쁨을 느끼게 된다.

여기에서 마네의 친구였던 시인은, 서양의 문명적 교육이 여기 가르친 투시도법은 인공적이지만, 일본에서는 보다 자연적인 투시도법이 있다고 주장하고, 덧붙여 이 자연적인 투시도법이 보다 예술적이라고 주장하고 있다. 여기에서 말라르메는 문명보다 자연 쪽이 보다 예술적이라고 하는 서양의 어휘범주의 정의 그 자체에 저촉되는 듯한 도착적인 어휘사용을 범하고 있다. 마네의 조형언어상의 문법 일탈의 만행을 옹호하기에는 시인은 기술언어의 사전적 정의에 위배되는 만행을 범해야만 했던 것인가. 참고로 부정어법(barbarisme)이라는 것은 그 문맥에서 말라르메 자신이 사용했던 용어이다.

'일본'에서 유래한다고 시인 자신이 믿었던 공간표상 장치는 이렇게 서양회화 문법에 행패를 부렸을 뿐만 아니라, 그것을 옹호하고 나서는 시인의 언어 사용에도 '야만'이라고 각인하였다. 여기에 일본 표상이 표상 장치 그 자체의 경계에 저촉되는 사태가 영상과 언어의 상호 침투 속에서 기록되는 것이다.

4. 외부에서 도래한 회화표상

자포니슴은 19세기 후반 유럽에서 일본의 디자인이 어쩌다가 한때 유행했다고 보기 어려운 일종의 문화현상이었다. 서양회화의 표상장치를 따라, 화면 위에 기묘한 동방의 문물을 새로운 어휘로서 수집한 뒤에 진열한다는 당시의 트로피 디스플레이 시도가 정신을 번쩍 차리고 보니, 타자의 문법 침투까지 허용하는 치명적인 사태로 전개되었다. 이에 일본취미가 서양에게 미친 표상장치의 변용을 몇 가지의 주제로 나눠 간단히 살펴보겠다.

소묘

「오로지 팔로 지탱되는 붓만을 사용하는 일본의 화가에게 가필정정은 있을 수 없으며, 맨 처음 한번에 자신의 영상을 지면에 정착시킨다. 거기에는 아무리 재능이 풍부한 서양화가도 이르지 못하는 대담함과 우아함, 자신감이 깃들어져 있다.」 이와 같이 『전위비평』(1885)에서 동양화가의 필법의 즉흥성을 높게 평가한 비평가 테오도르 뒤레(Theodore Duret, 1838–1927)는 이것을 근거로 친구 마네의 전기에서 일반적으로는 미완성으로 치졸하다고 비판받았던 마네의 데생이나 크로키를 옹호해 보였다. "이들 소묘는 잠깐 사이의 양상이나 움직임 그리고 미세한 세부를 포착하기 위해서 그려졌다. (…) 이들은 즉석 사진(spontane)이라고도 부를 수 있는 마네의 소묘에서는 마네가 얼마나 정확히 미세한 특징과 결정적인 움직임을 선별해 파악하고 있었는지 알 수 있다. 이 점에서 마네와 비교할 수 있는 것은 호쿠사이(葛飾北齋, 1760–1849)[2] 이외에는 없다." 마네는 『호쿠사이 망가』의 묘사도 알고 있었는데, 『고기집 앞의 행렬』 발상의 배후에 『호쿠사이 망가』 제1편의 우산이 있었다는 것을 추정하기 어렵지 않을 것이다. 우키요에 판화가 화가・조각가・인쇄공(摺師)의 긴밀한 콜라보레이션으로 실현한 묘선을 마네는 부식 동판에 선각을 한 동작의 순시성 속에서 재체험하였던 것이다.

인상파라는 말은, 눈을 사로잡는 인상을 순간적으로 즉흥

---

[2] 일본 에도시대에 활약한 목판화가로 우키요에의 대표적인 작가이다. 삼라만상 모든 것을 그림에 담는 것이 목표였던 그는 일생동안 3만점이 넘는 작품을 남겼으며, 연작인 『후가쿠 36경 富嶽三十六景』은 일본 풍경판화 역사에서 정점을 이룬다. 그의 작품은 모네, 반 고흐 등 서양의 인상파 및 후기 인상파 화가들에게 강렬한 인상을 심어주었다.

적으로 화면에 정착시키는 기법이라고 뒤레가 세간에 퍼트린 정의이다. 그것은 판화뿐만 아니라, 붓놀림에도 적용된다. 다시 그리거나 완성한 뒤 위에 덧바르는 것을 거부하고, 필적도 생생한 제작이 인상파를 특징짓게 된다. 그리고 이러한 즉흥성은 일견 무책임한 필법과 완성도가 결여된 '미완성'이 세간으로부터 인상파의 결점으로 반복해서 지탄받았다. 뒤레가 그 비판을 피하기 위해 동양미학을 동원했던 것은 명백한 사실이다. 하지만, 우키요에의 경우 소묘에서는 오히려 가필수정을 거듭한다. 맞붙이는 밑그림 등에서도 그것은 명백하다. 그렇다면 여기에서도 뒤레가 말하는 "가필정정은 있을 수 없으며, 맨 처음 한 번에 자신의 영상을 지면에 정착시킨다"는 동양의 필법이 사실인 이상, 인상파 옹호를 위해 허구로서의 인상주의 미학에 가깝다는 것이 밝혀진다. 하지만 이 '정정불가능한 최초의 붓놀림'이라는 신화는 롤랑 바르트(Roland Barthes, 1915-1980)의 『기호의 제국』에서 언급한 것처럼, 서양 지식인이 동양의 서예나 수묵화에 대해서 가지게 되는 선입관으로서 계속 이어진다.

색채

일본의 도래가 서양 회화에 채색 혁명을 일으킨 것은 공쿠르도 언급한 바 있지만, 이 담론의 극단적인 주창자도 뒤레였다. 일본을 여행한 경험을 가진 그는 『인상파 화가들』이라는 선

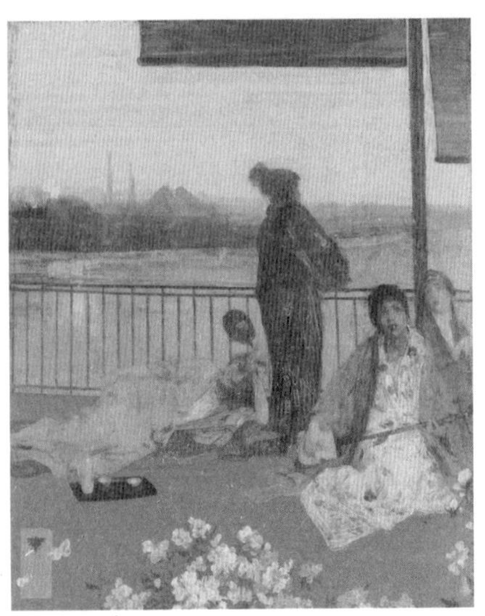
• 〈발코니〉, 휘슬러, 1864-70

구적인 소책자를 1878년에 간행한다. 그 책자에 의하면, 일견 원색의 어지러운 부조화로도 보이는 우키요에의 채색이야말로 빛이 넘치는 일본의 자연에 대한 충실한 표상이며 이 일본의 모범본이 있기에 비로소 프랑스 화가들도 바깥의 햇볕 아래에서 원색을 병치하는 제작에 노력을 보이게 되었다고 한다. 일본인이야말로 "가장 정당한 인상주의자들"이라며, 그들의 가르침에 따라 사실주의로부터 빠져나오는 화가들이 뒤레가 칭찬을 아끼지 않았던 모네, 마네, 그리고 휘슬러 등이다. 뒤레는 공쿠르와도 우키요에 수집을 경쟁했던 사이였는데 그들은 그것을 인상(impressions)이라고 불렀다.

제임스 맥닐 휘슬러의 『발코니』는 그 밝은 색채하며 발코니에서 건너편 기슭의 강변을 내려다 보는 구도에서도 우키요에의 감화가 추정되는 작품이다. 휘슬러가 실제로 볼 기회가 있었는지 확증은 없지만, 구도상으로 봤을 때 가장 유사한

• 〈에펠 탑 안〉, 앙리 리비에르, 1900

것은 도리이 기요나가(鳥居淸長, 1752–1815)[3]의 『柳橋料亭』 3장 연속[4]일 것이다. 채색에 관해서 말하자면, 여기에서는 이미 서양의 미술학교에서 가르치고 있었던 음영법이나 살 붙임은 지켜지지 않고, 화면을 지배하는 색감도 그 전 시대를 지배했던 사실주의 역청(Bitumen)[5]의 검은 화면과는 대조적으로 온색이 흘러넘치고 있다. 그것이 뒤레 등이 추천한 일본풍의 밝음

3 에도후기의 우키요에 화가. 처음에는 도리이풍의 야쿠샤에(배우그림)을 그렸지만 점차 미인화로 옮겨가, 기요나가풍의 미인화를 완성했다. 유려한 선과 명쾌한 색조가 특징이다.

4 기요나가는 미인화에서 두 장 또는 세 장을 가로로 연결한 두 폭 판화나 세 폭 판화라는 새로운 형식을 구사했다.

5 도로 포장 등에 쓰이는 찐득찐득한 시커먼 물질.

이라는 것을 휘슬러는 후에 부정할 수 없을 것이다. 게다가 구도로 시점을 옮기면 화면 바로 앞의 화초도 발코니에 놓여 있는 것보다도 장식화의 의장처럼, 화면을 주변부터 채색하고 있는데, 이것 또한 사실주의의 규칙으로부터 일탈하는 모습이다. 화면 왼쪽 아래는 의미도 불명확하지만, 공간상의 배치도 불분명한 사각의 불가사의한 인장이 우키요에 판화의 표지 제목처럼 화면 위쪽에 붙어있는 것은 보는 이의 눈을 놀라게 한다. 하지만 가장 중요한 것은 전체적인 구도일 것이다.

구도

전경에 인물을 배치하고 그것을 멀리 떨어진 건너편 강기슭의 후경과 대비시키는 구도는 필시 18세기 중엽에 일본에서 유행했던 서양풍 투시도법이 일본적인 원근법으로 환골탈태한 구도라고 추정한다. 틀림없이 이 투시도법으로부터 일탈한 일본적인 원근법이 그 후 19세기말에 이르기까지 서양에서 크게 유행하여 결과적으로 미술학교에서의 필수 준칙이 되었던 투시도법을 빼버리게 된다.

가장 전형적인 예로, 앙리 리비에르(Henri Riviere)의 <에펠탑 36경> 중의 한 장은 호쿠사이의 연속물을 의식함과 동시에 구도에서는 우타가와 히로시게(歌川廣重, 1797-1858)[6]의 <명소

[6] 일본 우키요에 판화의 대가 중 한 사람. 초기에는 배우와 미인을 주제로 작업하였으나 스승

에도백경>[7]에 자주 나오는 원근대비・겹침의 구도(「上野山内月の松」)의 의장을 때마침 만국박람회에 건설된 에펠탑을 무대로 자신이 촬영한 사진을 참고로 연출한 것이다.

또한, 앙리 드 툴루즈 로트렉(Henri de Toulouse-Lautrec, 1864-1901)의 <자르댕 드 파리, 제인 아브릴>에서 볼 수 있는 무대 위의 여배우와 테두리를 두르고 있는 듯한 오케스트라 박스의 콘트라베이스의 목은 아마도 <명소에도백경(名所江戸百景)>의 「하네다의 나루터 벤텐」의 뱃사공의 구도 등을 힌트로 한 것이 아닐까 생각한다. 뱃사공의 팔 다리 털이 로트레크에서는 콘트라베이스 주자의 손가락 털로 다시 태어났다.

목판화나 석판화의 그래픽적인 묘사는 그 전경과 배경의 대소를 현저히 대비시키는 구도 등을 하나의 계기로 교조적인 투시도법에서 벗어난 일탈과 위반이 횡행하였고, 그것이 세기말 이후 서양회화의 표상공간 전반에서 활보하게 되는 것이다.

도요히로의 사망 이후 풍경화와 풍속, 생활상 등을 담은 작품을 제작하였다. 섬세한 필치와 색상의 조화, 서정적이고 시적인 분위기가 뛰어나다.

7 총 118점에 이르는 판화 시리즈 〈명소에도백경(名所江戸百景)〉은 2년에 걸쳐 완성되었으며 일반적으로 제작시기에 따라 순서를 매기는 방식과 달리 봄・여름・가을・겨울의 사계에 따라 순서가 매겨졌다. 시리즈에는 에도의 계절별 풍광뿐만 아니라 당시의 풍속과 생활상이 특유의 과감한 구성과 섬세한 필치로 잘 담겨 있다.

5. 표상 일본의 귀환

• 〈大原女〉, 쓰치다 바쿠센, 1927

테오도르 뒤레의 말을 빌려 다소 과장한다면, 19세기후반의 서양의 회화 표상 문법은 소묘, 색채 그리고 구도 이 세 가지 측면에 걸쳐서 일본의 표상장치와 접촉하는 동안 크게 변질되었다. 공쿠르도 그것을 표상의 '혁명'이라고까지 불렀는데, 그 진원지 일본이 어떻게 표상되었는가 확인해 보자.

자포니슴의 소용돌이 속에서 가장 혁신적인 화가로 간주되었던 에두아르 마네의 <풀밭 위의 점심식사>라는 유명한 작품이 있다. 1863년의 낙선자전[8]에서 스캔들을 일으킨 일화를 남긴 작품이지만 1920년대에는 서양 근대회화를 대표하는 고전 중의 한 작품으로 평가된다. 이미 지적한 것처럼 쓰치다 바쿠센(土田麥僊, 1887-1936)[9]의 <大原女>는 분명히 이 마네의 작품을 바탕으로 교토의 풍물시를 한 폭의 풍속화로 완성했다. 일찍이 제임스 티소가 양국의 요정을 무대로 성서의 방탕아를 그렸다고 한다면, 바쿠센은 서구 근대를 모방해 그 구도를 차용함으로써 동양의 풍속을 서양의 정의에도 위배되지 않는 예술의 주제로 자리 잡았다. 여기에는 이른바 동양의 화가가 스스로의 손으로 동양 풍속을 그리는 '토착화된 동양취미(노먼 브란슨)'의 전술과 표상이라는 것을 볼 수 있다.

바쿠센이 구도의 차용이라는 수준으로 서양의 규범을 모국의 표상에 유용했다고 한다면 그 스승의 세대에 해당하는 아사이 주(淺井忠)가 1900년의 파리 만국박람회에서 배웠던 것은 이른바 파리에서의 일본 표상의 종합편에서 스스로 모국회귀

---

8 1863년 파리의 살롱에서 낙선자가 많이 생기자 황제 나폴레옹 3세가 여론에 따라 낙선자를 위하여 다시 연 전람회이다. 마네, 피사로, 휘슬러 등이 출품했고 특히 마네의 『풀밭 위의 점심식사』(파리 인상파미술관)는 주제 취급이 부도덕하다고 세간의 비난을 받았다. 그러나 그 혁신적인 표현이 젊은 무명화가들을 마네 주위에 불러 모아, 인상파(⇒인상주의)운동으로까지 발전시켜 갔다. 낙선자전은 그 후 두 번 다시 개최되지 않았다.

9 교토에서 활동하며 서양화풍을 취한 일본화를 발표했다.

의 계기를 마련한 셈이다. 파리에서 아르 누보(Art Nouveau)의 대표 인물인 사무엘 빙을 방문할 기회를 얻은 아사이는 그곳에서 장식도안 일에 관여했던 피에르 보나르(Pierre Bonnard, 1867–1947)[10]의 <유모의 산책>를 실제로 볼 기회가 있었을 것이다. 아사이가 1902년 귀국 후 그린 <개를 데리고 걷는 파리의 귀부인>이라는 작품을 통해 알 수 있을 것이다.

취향에서 일본취미를 그대로 드러낸 보나르의 칸막이의 오른쪽에서 2번째의 판넬을 빼고, 아사이의 족자와 비교해 보면, 사태를 더욱 더 명확해 질 것이다. 우선 보나르의 작품에는 그 반세기의 일본취미의 모든 교훈이 농축되어 있다. 소묘는 동양풍의 수묵화를 생각나도록 충분히 묵을 포함한 자유분방함. 그리고 다시 그을 수 없는 즉흥적인 붓놀림. 색채적인 면에서는 석판화이기 때문에 단색화에 가깝게, 살을 덧붙이거나, 음영을 주는 것도 무시한 판화복제 특유의 평판적인 색면의 병치. 구도적인 면에서는 앞서 언급한 마네가 비판을 받은 극도로 높은 수평선이 상부의 테두리와 같은 마차대열로 변신해, 아카데미의 투시도법을 처음부터 무시한 공간표상은 멀리 있는 것을 위로 가까운 것을 아래로 라고 하는 족자의 공간표상을 그대로 잇고 있다. 일본취미의 총합으로부터

10 프랑스의 화가. 상징주의와 폴 고갱에게서 영감을 받은 '나비파'를 결성해 활동했으며, 가정적 친밀함을 테마로 한 '앵티미슴' 회화로 대중의 사랑을 받았다. 말년으로 갈수록 빛과 색채에 더욱 천착해 자신만의 생생한 색채감각을 보여주며 '최후의 인상주의 화가'로 불렸다.

• 〈유모의 산책〉, 피에르 보나르, 1897

세기말의 장식예술이 탄생한 것을 마치 확신범으로 증언하는 것과 같은 작품이야말로 이 보나르의 칸막이인 것이다.

서양에서의 표상되어진 일본. 그리고 거기에 나타난 일본 표상에 일본인이 정신을 회복하고, 그것을 계기로 새로운 동양미학을 모색한다. 거기에 1900년 파리 만국박람회의 뜻밖의 교훈이 있으며, 또한 그것으로부터 20세기의 표상일본문화사가 시작되는 것이다.

웨일리의 일본고전

1. 독학의 외국어

일본문학의 고전 중의 고전으로서 『겐지 이야기』를 불후의 번역에 의해, 단순히 일본문학 안에서뿐만 아니라 세계문학의 고전으로서의 지위를 확립한 아서 웨일리(Arthur Waley, 1889-1966). 사토우, 아스톤, 쳄벌레인의 시대에서 반세기 후의 인물이지만, 영국의 교육기관 안에서 일본어를 배우는 환경이 진화한 결과는 아니다. 오히려 웨일리의 경우는 중국어도 일본어도 독학으로 학습했다. 웨일리는 중국문학의 번역과 일본문학의 번역을 했지만, 중국도 일본도 방문한 적은 없다. 그 이유에 관해서는 다양한 억측과 해석이 가능할 것이다. 웨일리의 중국문학 및 일본문학의 번역은, 무엇보다도 개인의 재능의 결과이다. 동시에 중국어나 일본어 교육기관이 없었음에도 불구하고, 웨일리가 중국어와 일본어를 자학자습하고, 개인적 재능을 꽃피우는 것이 가능했다. 영국의 문화풍토가 중요한 의미를 가진다. 동양학자 웨일리의 생애와 업적에 대해 고찰한다.

2. 영국의 문화풍토

웨일리의 아버지 쪽 성은 본래 슐로스(Schloss), 독일계 유대인 집안이었다. 제1차 세계대전 중에 영국의 반독일 감정을 감안해서, 어머니 쪽의 이름으로 바꿔 채용한 성이 웨일리였다. 부모의 방침에 따라 웨일리는 사립 초등학교에서 사립 중학교인 럭비스쿨을 거쳐 캠브리지 대학에 진학하고, 전형적인 지적 엘리트의 길을 걸었다. 사립 초등학교 이전에 일시 재적했던 기숙학교 동창생 스콧 몬크리프(C. K. Scott-Moncrieff)는 프루스트[1]의 최초 번역자로서 알려졌다. 동서의 대하소설의 번역가를 낳은 이 학교는 언어 교육에 뛰어났던 것으로 보인다. 또 럭비스쿨은 저명한 교육자 토머스 아널드(Thomas Arnold, 1795-1842)가 교장으로서 발전시킨 학교이다. 그리고 웨일리가 캠브리지에서 진학한 것은 킹스 칼리지(King's College)였다.

[1] 마르셀 프루스트(Marcel Proust, 1871-1922), 『잃어버린 시간을 찾아서』를 쓴 프랑스의 소설가.

킹스 칼리지는 국왕 헨리 6세에 의해 1441년에 창설되었고, 그 전해에 헨리는 런던의 서쪽 교외 윈저에 퍼블릭 스쿨로서 유명한 이튼 칼리지(Eton College)를 창설하였다. 이튼의 졸업생이 캠브리지에서 배우기 위해 창설되었던 것이 킹스 칼리지이고, 19세기의 어느 시기까지 킹스에는 이튼의 졸업생이 우선적으로 진학하는 구조로 되어 있었다. 웨일리 때까지는 이튼 졸업생이외에도 입학 할 수 있도록 된 방침이 오래된 것은 아니었다. 킹스 칼리지라고 하면, 헨리 8세가 창설한 트리니티 칼리지와 견주는 오늘날 대략 30개가 넘는 캠브리지의 칼리지 중에서도 특별하게 빛나는 지적전통을 자랑하고 저명한 졸업생은 너무 많아서 일일이 셀 수가 없다.

웨일리가 입학했던 1907년경 킹스 칼리지 및 캠브리지 대학은 어떤 장소였을까. 기원이 중세에 거슬러 올라가는 옥스퍼드 및 캠브리지의 두 대학은 오랜 전통을 기반으로서 발전해 왔다. 유럽의 원류로서의 고대 그리스·로마의 언어와 문화를 배우는 고전교육이 문과계 교육의 중핵이 되어 있었다. 다른 한편 「칼리지」라는, 교사와 학생이 기거를 함께하고 소논문을 쓰는 것과 쌍방향적 대화를 통해 자기표현의 훈련이 부가된 개인지도(옥스퍼드에서는 투터리얼 캠브리지에서는 수퍼비전이라고 부른다)에 의해 교육이 행해지는 지식공통체가 계속 있어왔다. 이런 교육제도는 세계에서 유례가 없는 것이라고 말할 수 있다.

웨일리와 같은 시기 킹스 칼리지에서 배운 사람들 중에서는 누가 포함되어 있었을까. 웨일리보다도 꼭 10년 빠른 1897년에 입학한 사람이 소설가 포스터(E. M. Forster, 1879–1970)였다.(1900년 가을 캠브리지를 미리 보기 위해서 소세키가 펜브룩 칼리지를 방문했을 때, 포스터는 아직 킹스에 재적 중이었지만 두 사람이 대면하는 우연한 기회는 있을 수도 없었다.) 1902년에는 경제학자 케인즈(John Maynard Keynes)가 입학, 웨일리보다도 1년 빠른 1906년에, 같은 럭비스쿨 이래 친구인 시인 루퍼트 브룩(Rupert Brooke, 1887–1916 제1차 세계대전에서 병사)이 입학해 있고 조금 거슬러 오면 미술 비평가 프라이(Roger Fry, 1866–1934)도 있었다.

웨일리의 킹스에서의 전공(Tripos)은 고전학이었다. 당시의 킹스의 고전교육에 팽대한 감화를 미치고 있었던 사람은, 자신이 킹스 출신자로 모교의 펠로로서 가르치고 있었던 디킨슨(Goldsworthy Lowes Dickinson, 1862–1932)이었다. 디킨슨은 그리스 철학에 정통하고, 플라톤에서 시작해서 다수의 저작이 있다. 웨일리가 킹스에서 배워 몸에 익힌 것은 확고한 고전어의 소양이었다. 중국어・일본어와는 다르지만 고전 외국어를 배운다고 하는 큰 틀에서 생각하면 공통의 요소로 묶여 있다(후에 제2차 세계대전 중의 영국에서, 적성어로서의 일본어요원으로 동원된 것은 「유럽 근대문학」과 「고전어」 학생들이었다). 디킨슨은 중국에 관심이 있어 『존・차이나맨의 일기』(1901)을 쓰고, 1913년에는 중국 및 일본을 여행하고, 국제연맹의 창도자이기도 했다.

한편 킹스 칼리지와 견주는 트리니티 칼리지에서는 화이트헤드(A. N. Whitehead, 1861–1947), 러셀(Bertrand Russell, 1872–1970), 무어(G. E. Moore, 1873–1958) 등의 철학자, 역사학자 트리벨리언(G. M. Trevelyan, 1876–1962), 문예비평가 스트레이치(Lytton Strachey, 1880–1932) 등이 광채를 발하고 있었다. 킹스 또는 트리니티에 소속한 이들의 인물은 캠브리지에서 지적토론을 하는 사적 비밀결사로서 알려진 「사도회」(The Apostles)의 회원이었다. 이 사람들은 후에 런던의 블룸스베리 지역을 거점으로 활동해, 「블룸스베리 그룹」(Bloomsbury Group)[2]의 이름으로 불리게 되었다.

원래 블룸스베리 지역은 레슬리 스티븐(Leslie Stephen, 1832–1904)의 사후 그의 아이들-베네사 벨(Vanessa Bell, 1879–1961), 토비(Thoby, 1880–1906), 버지니아 울프(Varginia Woolf, 1882–1941), 에이드리안(Adrian, 1883–1948)이 이주한 지역이고, 일종의 문화촌을 형성하고 있었다. 무어의 『윤리학의 원리』(Principia Ethica, 1903) 안의 일절 「사람과 사람이 사귀는 기쁨과 아름다운 것을 즐기는 것」이 그룹의 이상으로 되어 있었다. 웨일리는 그룹의 중심적 존재는 아니었지만, 구성원들과의 교류를 통해서 그 문화 풍토 속에서 일하고, 직간접으로 그룹에 의해 떠받쳐

---

2 1904년부터 2차 세계 대전 시기까지 런던의 블룸스베리 지역을 중심으로 활동한 문학그룹을 가리킨다. 버지니아 울프가 가장 대표적인 인물이기 때문에 주로 문학그룹으로 알려져 있긴 하지만, 사실, 예술, 비평, 경제 등 여러 학문 분야에 걸쳐 활발한 활동을 했다.

져 있었다. 그 결과 중국문화·일본문화의 번역과 소개가 동양연구(Oriental Studies)라는 협소한 틀 속에 머물지 않고 영국문학·문화의 토양 속에서 넓게 뿌리를 뻗어나갈 수 있는 매우 귀중한 기회를 부여 받았었던 것이다.

3. 번역

대영박물관 동양미술부

웨일리는 칼리지의 펠로로서 남고 싶은 희망도 있었지만, 왼쪽 눈의 시력 장애로 단념했다. 1913년 6월 웨일리는 대영박물관 동양미술부(Sub-department of Oriental Prints and Drawings)에 취직, 이것에는 적어도 세 개의 중요한 의미가 있다. 첫째로 직장에서 일상적으로 동양문화를 접하는 것. 둘째로 직무수행을 위해 중국어, 일본어를 배울 필요가 있었던 것, 셋째로 당시의 동양미술 부장이었던 시인 비니언(Laurence Binyon, 1869–1943)의 감화를 받은 것. 이것은 모두 웨일리가 자신의 시적감성을 펼쳐 중국·일본연구를 발전시켜 가는 동안 매우 중요한 의미를 준 바꿀 수 없는 것이었다.

웨일리가 대영박물관 관원으로서 남긴 업적에는, 예를 들면 중국 회화의 색인, 『대영박물관 중국 화가색인』(An Index of

Chinese Artists Represented in the Sub-department of Oriental Prints and Drawings in the British Museum, by Arthur Waley; Preface by L. Binyon. 1922)이 있고, 비니언이 서문을 붙이고 있다. 오렐 슈타인에 의해 발견된 돈황 불교화 카탈로그도 웨일리의 솜씨로 이루어지고, 이것도 비니언이 서문을 더하고 있다(A Catalogue of Printings Recovered from Tun-huang by Sir Aurel Stein, K. C. I. E. Represented in the of Oriental Prints and Drawings in the British Museum, and in the Museum of Central Asian Antiquities, Delhi, by Arthur Waley; Preface by L. Binyon. 1931). 대영박물관에 근무하는 한편 중국·일본 문학의 번역을 차례차례 발표했던 웨일리는 둔황 카탈로그 출판 전 1929년 12월에 퇴직하였다.

이미지즘

웨일리가 최초로 중국시의 번역에 착수한 것은 1916년의 일이었다. 약50편의 중국시를 취합한 16페이지의 소책자는 50부 한정의 사비출판으로 친구와 지인에게 나누어졌다. 다수는 캠브리지 시기의 친구들이었지만, 그밖에 신시대 문학의 기수가 된 파운드(Ezra Pound, 1885-1972)와 엘리엇(T. S. Eliot, 1888-1965)이 포함되어 있었다.

파운드도 엘리엇도 같은 미국인이면서 영국 문단에 참가하고, 게다가 그 문학적 시점은 범유럽적·세계적 확대를 가지고 있었다. 파운드의 작품세계에는 단테나 프로반셀 문학에 더해서, 중국 문학도 섞여져 있었다. 파운드의 중국시 번역은 『카타이 시집』(Cathay, 1915)을 시작으로 『캔토스』(Cantos, 1917-1970)에도 수록되어 있다. 구미에 있어 동양에 관한 정보원은 페노로사(Ernest Fenollosa, 1853-1908)이었지만, 파운드나 예이츠(W. B. Yeats, 1865-1939)에 의해 공유되어, 예이츠의 경우는 노(能)[3]의 번안 『매의 우물』(The Hawk's Well)로서 결실을 맺는다.

파운드가 주도적 역할을 완수한 것으로 「이미지즘」 운동이 있다. 이미지즘 시의 특징은 단시형의 사용, 운율을 중시했던 정형시보다도 음악적인 짧은 행의 사용, 추상성의 배제, 상징적 함의보다도 간결하고 경질한 이미지를 이용하는 것 등이다. 파운드가 엘리엇의 『황무지』(The Waste Land, 1922)를 첨삭해서 용장함을 배제했던 것도, 이와 같은 원리에 기초하고 있었다. 이미지즘의 원리야말로 웨일리가 중국 및 일본의 시를 번역할 때에 기능했던 것이다.

『170편의 중국시』

중국시 50편을 사가판으로써 배부한 웨일리는, 2년 후에 『170편의 중국시』(A Hundred and Seventy Chinese Poems translated by

3 일본 고전 예능의 하나. 사루가쿠노(猿樂能), 덴가쿠노(田樂能), 교겐노(狂言能) 등으로 불리다가, 그 후 사루가쿠노만을 노라고 부르게 되어 사루가쿠라는 호칭과 함께 사용되어 오다가 에도시대 이후로는 노라고 부르게 되었다. 또 오늘날에는 노 외에 노가쿠(能樂)라는 말도 사용하고 있다. 노는 일본에서 가장 오래된 전통예능으로서 약 7세기에 걸쳐 고도로 양식화 된 무대예술이며 일종의 가면극으로 유현미를 추구한다.

Arthur Waley, London : Constable, 1918)을 출판했다. 2부 구성의 이 책의 2/3에 해당하는 제1부는 기원전 4세기부터 17세기 초기까지의 중국시가화집, 1/3에 해당하는 제2부는 모두 백거이의 시로 구성되었다. 웨일리가 머리말에서 양해를 구하듯이, 몇 편은 이미 발표되어 있었다. 즉, 1917년에 개학한 런던대학 동양연구학원 『기요』 창간호를 비롯하여, 『뉴・스페이츠맨』(1913년 창간, 페이비언 협회의 사회주의노선을 대변), 『리틀・레뷰』(시카고), 『포에트리』(시카고) 등이, 웨일리의 번역일(업적)이 널리 알려지는 장이 되었다.

이 책의 서론에서는 중국시의 역사적 전개가 개관되어, 그 특징이 보여 진다(예를 들면, 서구의 시에 비해서 비유적 표현이 억제되어 있어, 엘리엇의 「프루프록」에서 「수술대에서 마취를 시킨 환자」로 비유할 수 있는 저녁하늘과 같은 기상천외한 비유는 없다고 한다). 서론에서 계속된 번역의 수법에서 웨일리는, 「바꿔 말함」(paraphrase)이 아닌 「문자 그대로의 번역」(a literal translation)을 목표로 하는 것, 시의 생명은 「이미지」이고, 따라서 원시의 「이미지」를 재현하는 것을 유의하고, 「이미지」를 첨가하는 것은 아니라고 공언한다. 각운을 쓰지 않는 반면, 영시에서 자주 사용되는 「블랭크・벌스(blank verse)」(각운이 없는 강약 오보각)가 중국시의 번역에는 부적절한 것도 지적한다.

『일본 시가』

『일본 시가』(Japanese Poetry : The 'Uta'. Oxford : Clarendon Press, 1919)에는 『만요슈(萬葉集)』[4]에서 58편, 『고킨슈(古今集)[5] 그 외』에서 94편, 사이교[6]의 노래 7수가, 로마자 표기된 원시와 영어 번역을 병렬하여 수록되어, 짧은 서론, 고전문법해설, 어휘색인 등이 첨부되어 있다. 중국시의 경우와 같이, 웨일리는 일본 와카의 번역에 있어서도, 영어 번역의 의미에 있어서도 형태의 있어서도, 원시와 과부족 없이 대응하는 것을 목표로 하고 있다. 『일본 시가』를 통해서 웨일리는 일관되게, 로마자화한 원시를 5행으로 나누어 표기하고, 영어 번역도 그것에 맞춰서 5행으로 나누어 병기한다.[7]

---

4 일본에서 가장 오래된 가집(歌集). 수록된 노래는 4,536수이며, 그 중에서 장가(長歌) 265수, 단가(短歌) 4,207수, 기타 64수로 되었다. 이 가집은 오래 되었을 뿐만 아니라 문학적으로도 높이 평가되며, 일본사상사(日本思想史) 및 생활사 연구에도 귀중한 자료이다.

5 『고킨와카슈』는 905년에 제60대 다이고(醍醐) 천황(897-930)의 칙명을 받아 기노 쓰라유키(紀貫之, 870-940년경) 등이 편찬한 칙찬 와카집으로, 『만요슈』 이후의 노래 1100여 수를 '봄', '여름', '가을', '겨울', '이별', '여행', '사랑', '애상', '잡(雜)' 등 주제별로 분류하여 20권에 나누어 실었다.

6 사이교(西行, 1118-1190)는 일본 헤이안 시대의 무사출신 승려이자 시인이다. 1140년에 출가하여 여러 지역을 순회하며 때로 시를 지었다. 바쇼가 가장 존경하는 시인이기도 하다. 바쇼의 동북 지방 여행기 『오쿠로 가는 작은 길』에는 사이교와 관련된 장소가 많이 나오는데, 이 여행이 사이교 500주기(1689)를 추모해서 기획되었을 것이라는 설도 있다.

7 일례로서 사이교(西行)의 노래 「現をも現とさらに思わねば夢をも夢と何かおもはん」(『산카슈(山家集)』 1515. 웨일리의 로마자 판에서는 「思はねば」)를 싣는다.

1 *Utsutsu wo mo*	1 Since I am convinced
2 *Utsutsu to sara-ni*	2 That reality is in no way
3 *Omowaneba,*	3 Real
4 *Yume wo mo yume to*	4 How am I to admit
5 *Nani ka omowanu?*	5 That dreams are dreams?

원시, 영어 번역과 함께, 일관해서 5행으로 나누어, 등가의 치환을 꾀하는 이 시도는, 웨일리 독자적인 것이고, 그 후의 번역자가 모든 경우에 답습한 것은 아니다. 참고로, 『펭귄 총서판 일본가화집』(The Penguin Book of Japanese Verse ed. Geoffrey Bownas and Anthony Thwaite. Harmondsworth : Penguin Books, 1964, 개정 1998)의 번역은 아래와 같다.

I cannot accept
The real as real:
Then now do I accept
A dream as a dream?

양자를 비교하면, 웨일리의 경우, 중국시의 번역에서 보인 「문자 그대로의 번역」이, 와카 번역의 경우에도 실천되었다는 것을 알 수 있다.

『일본 노가쿠』

『일본 노가쿠』(The No Plays of Japan, London : George Allen & Unwin, 1921)의 권말에는 노 관련의 일본어 열거에 외국어 문헌표가 붙어 있다. 이것으로 보면 문학사 등에서의 노에 대한 언급・해설(예를 들어 아스톤, 1899, 1901)은 별도로 하고, 노 텍스트의 해설은 쳄벌레인(1880), 뮤라(1896), 브린크린(1901-1902), 빅터 디킨스(1906), 흐로렌츠(1906), N. 페리(1909-1913), 산솜(1911), 마리・스토프스(1913), 페노로사 및 파운드(1916) 등이 존재하고 있다. 그러나, 모두 작품 수는 많지 않다. 그에 비해, 웨일리의 『일본 노가쿠』는 19작품의 완역이 실려 있고, 16작품의 요약과 초역도 첨부되어 노에 대한 연구의 범위가 가장 넓다. 또한 도판, 불교에 관한 짧은 해석과 함께, 55페이지에 걸친 내용의 진한 서문도 첨부되어, 구미의 노 수용사 중에서 중요한 위치를 차지한다.

서론은 노의 역사, 분류, 텍스트, 무대, 상연 등 기술적인 측면을 포함하는 포괄적 해설로 되어 있지만, 제아미(世阿弥)[8]의 노가쿠론에 따라 노의 본질을 파악하려고 한다. 예를 들면 다음과 같은 한 구절이 있다. 「제아미는 선(禪)의 가르침을 깊이 터득하고 있었다. 그것은 요시미쓰(義滿)전래의 것이었는지도 모른다. 제아미의 『저작집』에 끊임없이 나오는 <유겐(幽

8 무로마치 시대의 노 연기자이면서 작가로 활약.

玄)>이라는 어려운 단어는, 선에서 유래한다. 그것은 <표층의 아래에 존재하는 것>, 자명에 대해서 영묘한 것, 명언에 대해서 암시되었던 것이다.」

노의 번역에 웨일리는 서양연극에 익숙했던 일반 독자가 직면하는 모든 문제에 대해서 이야기한다. 예를 들어, 활자화된 한편의 노의 길이는 서양연극의 한 막 분량에 상당하는 것, 일본어의 경어는 영어로 번역이 불가능한 것 등. 원문의 단어가 노를 향수했던 동시대의 일본인에게는 장식적이지도 용장하지도 않고, 극히 자연스런 단어였던 것을 인식하고, 더욱이 「단어는 명석한 제시와 의논에 어울리게 간결해야 할 것, 그것만이 <산문의 근본>이다.」라고 하는 제아미의 가르침에 따라 최선을 다하는 것의, 영어 번역이 지극히 어려운 것을 충분히 자각한다. 일본어 산문이 운문으로 올라가는 과정을 오페라의 레시타티보[9]에 비유해, 원문에서는 칠・오의 음절을 조합시킨 행이 계속되지만, 그것은 「블랭크・벌스(blank verse)」와 그것보다도 짧은 강약의 운율을 가지는 행과를 조합시켜 대응했다. 이와 같은 원리에 기초한 웨일리의 노 영어 번역은 구성에서도 단어 면에서도 실패 없는 상연가능한 극본이었다.

9 서창(敍唱). 오페라・오라토리오・칸타타 등에 쓰이는 창법으로 선율을 아름답게 부르는 아리아에 대하여, 대사내용에 중점을 둠.

4. 헤이안시대의 문학과 여성

『마쿠라노소시(枕草子)』[10]

『마쿠라노소시(枕草子)』(The Pillow-Book of Sei Shonagon translated by Arthur Waley. London : George Allen & Unwin, 1928)가 출판되었을 무렵, 8년에 걸친 6부 분책의 형태로 출판된 『겐지 이야기(源氏物語)』(The Tale of Genji : A Novel in Six Parts by Lady Murasaki translated from the Japanese by Arthur Waley. London : George Allen & Unwin, 1925–1933)는 이미 제4부까지 간행이 진행되어 있었다. 그 책의 첫머리에서 웨일리는 말한다. "영어 번역 『겐지 이야기』의 제1부가 출간되었을 때 많은 비평가들이 자주 이야기했던 것은 정묘하고 고도로 발달한 문명이 전시되었다. 그와 같은 문명이 존재한다고는 조금이라도 생각되었던 적도 없었다"라고. 이때부터 『마쿠라노소시』와 『겐지 이야기』의 영어 번역을 동시에 구상했던 웨일리에게는 헤이안 시대 문화의 본질과 진수를 깊이 탐구하고 싶다는 강한 충동이 움직이고 있었던 것으로 추측된다.

웨일리의 『겐지 이야기』 번역은 원작54첩 중에 1첩 빼고

10 일본 수필문학의 효시로 대표적인 고전문학 작품이다. 11세기 초 세이쇼나곤(清少納言)이라는 뇨보(女房 : 고위 궁녀로 우리나라 상궁 정도 된다)가 천황비인 데이시(定子) 후궁 밑에서 경험한 궁중 생활을 바탕으로 쓴 것으로, 당시 귀족들의 생활, 연중행사, 자연관 등이 개성적인 문체로 엮어져 천 년이 지난 현재까지도 일본뿐만 아니라 세계 여러 나라에 번역되어 많은 사람들에게 애독되고 있다.

전역이다. 같은 기대를 가지고 웨일리의 『마쿠라노소시』를 펼쳐보면 다른 양상을 발견할 수 있다. 우선 웨일리 자신이 서문에서 양해를 구한 것 같이, 원작의 약 4분의 1이 번역되었다. 더욱이 독자의 예상에 반하는 것은 원작의 단(段) 순서에 따라서 발췌된 순전한 초역과도 다르다. 일본 독자에게 친숙한 「모노하즈케」[11]를 도중의 여기저기에 배치한다. 이것은 매우 대담한 실험이라고 말할 수 있을 것이다. 더욱이 시대 순으로 재구성하는 과정에서 웨일리 자신의 이야기가 더해져, 소위 세이쇼나곤과 웨일리의 공동작으로서 이 책을 만들어낸 것이다.

『겐지 이야기』의 경우라면, 웨일리는 그렇게 하지 않았을 것이고, 그렇게 하는 것도 불가능했을 것이다. 대전제로 『겐지 이야기』는 픽션이고, 『마쿠라노소시』는 세이쇼나곤이 황후 데이시(定子)를 섬겼던 궁정에서의 생활을 서술했던 논픽션으로서의 수필이라고 생각했을 것이다. 이와 같이 인식하고 『마쿠라노소시』를 일단 해체한 후에 웨일리는 『마쿠라노소시』를 통해서 10세기 말엽의 헤이안 궁정문화의 한 단면을 재구성하려고 의도한 것이다. 그리고 화자로서 개입하는 웨일리의 역사에 대한 시선이, 통일적 시점으로서 전체를 응시하고 있었던 것이다.

---

11 雜俳의 일종. '…する物は(=…하는 것은)'라는 제목에 대하여 답이 되는 구(句)를 붙이는 일.

웨일리는 무라사키시키부와 비교해서 세이쇼나곤을 정당하게 평가한다.

> 작가로서의 세이쇼나곤은 동시대에서 최고의 시인이다. 이 사실은 세이쇼나곤의 산문에서 확인할 수 있으며 세이쇼나곤의 잘 알려진 판에 박힌 노래에서는 조금도 찾을 수 없다. 폭풍의 호수를 서술한 구절이나 달 아래 강을 건너는 장면을 서술한 몇 행의 멋진 표현은 뛰어나지만, 보다 의식적인 붓놀림의 무라사키시키부를 능가하지는 못했다. … 무라사키시키부와 비교하면 세이쇼나곤의 문체는 '건축적 구성'에서 훨씬 뒤떨어진다. 그렇지만 시간으로서 종속절을 그물의 눈같이 쌓아 올린 것이 있으며, 그 모습은 한없이 『겐지』에 가깝고, 『마쿠라노소시』가 『겐지 이야기』와 비유적인 의미에서 이웃하고 있다고 느끼는 것은 한 두 번이 아니다.

마지막에 웨일리는 헤이안 시대에 여류작가가 배출되었던 것에 대해서 억측이 들지만 이것에 의하면 여류작가에 비해서 남성작가가 외국문화, 구체적으로는 중국문화의 영향에 보다 많이 구속되었던 것을 요인으로 들어, 외국문화가 미치는 영향은 헤이안 시대뿐만 아니라 메이지 이후의 근대 일본문화의 문제이기도 하다는 것을 덧붙여서 말하면서 여성작가를 옹호한다.

『겐지 이야기』

장대한 『겐지 이야기』의 웨일리에 의한 번역은 1925년부터 1933년까지의 8년간에 걸쳐서 6부의 분책으로 출판되었다. 즉 제1부(제1첩~제9첩)(The Tale of Genji, Allen&Unwin, 1925), 제2부(제10첩~제19첩)(The Sacred Tree, 1926), 제3부(제20첩~제26첩)(A Wreath of Cloud, 1927), 제4부(제29첩~제41첩(제38첩 「청귀뚜라미」 삭제))(Blue Trousers, 1928), 제5부(제42첩~제49첩 전반)(The Lady of the Boat, 1932), 제6부(제49첩 후반~제54첩)(The Bridge of Dreams, 1933). 분책 각각에 붙인 제목은 원작자가 아니라 웨일리의 것이다.

오늘날 일본에서는 플롯의 전개에 따라 제1첩 「기리쓰보(桐壺)」에서 제33첩 「후지노우라바」까지를 제1부, 제34첩 「와카나우에」에서 제41첩 「마보로시」까지를 제2부, 제42첩 「니오우노미야」에서 제54첩 「유메노우키바시」까지를 제3부로 생각하는 것이 관례로 되어 있다. 제1부에서는 히카루 겐지는 부왕과 신분이 낮은 기리쓰보 고이(更衣)와의 사이에서 탄생. 히카루 겐지는 타고난 미모와 재능에 의해서 빛나다. 기리쓰보의 사후 부황의 총애를 받은 후지쓰보 뇨고[12]에서 어머니의 모습을 발견하고 밀통. 후지쓰보의 조카인 무라사키노 우에를 반려로서 얻지만 마음이 편치 않고, 여성편력을 계속한다. 주제는 어디까지나 히카루 겐지의 사랑의 편력이지만 사랑하는

---

12 헤이안 시대에 중궁(中宮)에 버금가는 후궁(後宮).

여성을 혈육관계에 의해 궁정 안에서의 지위가 미묘하게 상하로 흔들리는 점이 흥미 깊다. 제2부에서는 스자쿠인의 온나산노미야가 히카루 겐지와 강가(왕녀가 신하에게 시집감), 무라사키노 우에와 갈등이 생긴다. 가시와기가 산노미야와 밀통, 머지않아 가오루키미 탄생. 히카루 겐지 자신과 후지쓰보와의 불의가 인과라고도 말해야 할 죄의 반복에 의해, 다음 세대에서 재현하는 것이 된다. 가시와기의 죽은과 산노미야의 출가. 무라시키노 우에의 죽음과 겐지의 출가 결의로 이어진다. 제3부는 가오루를 중심으로 전개. 가오루는 한편으로 출생의 죄를 속죄하기 위해 도심을 보이고, 한편에서는 여성에의 집착을 끊지 않지만 늘 니오우노미야에게 진다. 가오루와 우키부네가 맺어졌어도 우키부네는 니오우노미야와 통하고, 삼대에 걸친 불의가 반복 된다. 우키부네는 번민 끝에 우지강에 입수. 구해진 후에 속세와 절연, 히에이산 산기슭에서 염불통경의 생활에 들어간다.

『마쿠라노소시』가 논픽션인 것에 대해서 『겐지 이야기』는 픽션이다. 장르는 다르지만 세이쇼나곤과 같이 무라사키시키부 자신이 체험적으로 알고 있었던 제도로서의 궁정의 인간 양상을 생생하게 묘사되어, 시간에 따라 이야기가 전개되어 가는 의미에 있어서, 허구화된 연대기라고도 말해진다. 히카루 겐지의 사랑의 편력과 궁정에 있어서의 부침이 병렬 되어 있지만 주제는 권력의 중추로서의 궁정이라는 제도가 아니라,

그곳에서 살고 있는 개인과 개인의 인간관계 이고, 죄에 대한 응보는 등장인물들이 받지 않으면 안 된다.

지금 『겐지 이야기』를 픽션으로서 궁정인의 연대기로서 규정했다. 그 경우 궁정에 있어서의 권력투쟁은 후경으로 밀어내지고, 서로 사랑하고 서로 질투하고 서로 미워하는 남녀의 인간관계가 전경에 설치되어 있다. 반대로 만일 권력투쟁으로서의 연대기였다고 한다면, 양상은 달라져 있었을 것이다. 히카루든지 가오루든지 주인공으로서 설정되어 있는 것은 남자이지만 주인공의 운명은 여자와의 관계에 의해서 움직여지고 있다. 여성은 한편으로 남성의 의사와 욕망의 대상이 되는 약한 성이지만, 시점을 바꾸면 남성의 운명을 지배하는 근원적인 힘의 소유자이다. 수세대에 걸친 밀통과 불의를 통해서 인간을 지배하는 운명의 힘은 여성에서 유래하고, 이곳에 여성의 양의성이 있다. 『겐지 이야기』가 궁정에 있어서 권력투쟁의 연대기가 아니고, 사람의 운명을 지배하는 여성의 힘에 대해서 무라사키시키부라는 여성의 관점에서 여성의 붓에 의해 적혀졌다는 사실이 중요하다. 권선징악적 시점에서 보면, 『겐지 이야기』의 플롯의 전개는 부도덕의 비난을 받을지도 모른다. 하지만 『겐지 이야기』에서 계속 넓어지고 있는 것은 선악이 대상화된 미적 세계다.

여기에서 기억나는 것은 G. E. 무어의 말이다—「사람과 사람의 교제의 기쁨과 아름다움을 즐기는 것」. 그것을 좌우명으로 한 블룸스베리 그룹의 문화풍토 안에서 지낸 웨일리에게는 『겐지 이야기』의 미적 세계에 감응하는 자질과 표현력 풍부한 영어로 번역하는 능력이 겸비되어 있었다. 무릇 블룸스베리 그룹에는 권력지향적인 남성중심주의의 세계관은 인연이 없고, 성의 초월이나 도착까지도 가능했다. 여성의 솜씨로 이루어진 픽션으로서의 연대기인 『겐지 이야기』는 헤이안 궁정의 인간 모습을 그려냈지만, 웨일리가 그곳에서 찾아낸 것은 인간에 대한 보편적인 진리였다.

웨일리의 번역에 대해서 잠시 생각해보자. 『겐지 이야기』의 첫머리는 다음과 같이 시작한다.

어느 치세였던가. 궁궐에 여러 명의 뇨고, 고이가 계시는 가운데, 그렇게 고귀한 신분은 아니지만, 유독 총애를 받는 이가 있었다. 처음부터 「나는」이라고 교만하게 생각하고, 훌륭한 분을 깔보고 질투한 사람들이 많았다. 똑같이 그보다 낮은 고이들은 더욱더 심기가 불편했다.

웨일리는 이것을 다음과 같이 번역하고 있다.

At the Court of an Emperor (he lived it matters not when) there was among the many gentlewomen of the Wardrobe and Chamber one, who though she was not of very high rank was favoured far beyond all the rest; so that the great ladies of the Palace, each of whom had secretly hoped that she herself would be chosen, looked with scorn and hatred upon the upstart who had dispelled their dreams. Still less were her former companions, the minor ladies of the Wardrobe, content to see her raised so far above them.

「어느 치세였던가」에 상당하는 괄호 안은 아무렇지도 않은 한 문장이지만, 다시 생각해 보면 이것은 시간적 한정을 초월한 표현이라는 것을 깨닫게 된다. 위에서 본 것 같이 픽션으로서의 연대기는 어느 시절을 다루면서 시대를 초월하는 것인 것과도 합치한다. 그에 관련해서 그 뒤에 나온 영어번역과 비교해 보자.

In a certain reign there was a lady not of the first rank whom the emperor loved more than any of the others. The grand ladies with high ambitions thought her a presumptuous upstart, and lesser ladies were still more resentful. (Edward Seidensticker, 1976)

In a certain reign (whose can it have been?) someone of no very great rank, among all His Majesty's Consorts and Intimates, enjoyed exceptional favor. Those others who had

> always assumed that pride of place was properly theirs despised her as a dreadful woman, while lesser Intimates were unhappier still. (Royall Tyler, 2001)

첫머리에 관한한 세 종류의 영어 번역을 비교하면, 웨일리는 설명적, 세이던스틱커는 더 간결, 테일러는 그 중간 정도이다.

웨일리가 중국시나 와카[13]를 번역하기 시작한 배경에는, 파운드를 중심으로 한 이미지즘운동이 있었던 것은 앞서 이야기했다. 파운드의 글이 용장함을 배제하고 간결한 이미지를 가지고 시를 쓰는 것을 창도하고 실천한 이미지즘의 시법은 웨일리의 중국과 일본의 시 번역 스타일에 적합했다는 것도 이미 언급했다. 중국시나 일본의 와카의 번역에 임하여 웨일리는 「바꿔 말함」이 아니라 「문자 그대로의 번역」(=치환)을 좋은 것으로 그것을 실천했다.

『겐지 이야기』의 번역의 경우는 어떤가. 『겐지 이야기』의 일본어 문체적인 특징으로서 숨이 긴 것, 경어의 복잡성, 명시되어 있지 않은 주어는 경어에 따라 추측되어야 하는 것 등

---

13 중국에서 온 한시(漢詩)와 대조되는 것으로 일본 고유의 시를 이르는 말. 이 말은 『만요슈(萬葉集)』에서 처음 쓰였는데 거기서는 화답(和答)하는 노래라는 뜻으로 썼으나 여기서 말하는 '와카'는 이와는 별도이다. '와카'는 한시에 대항하는 뜻이 강했으나 그 후 한시를 초월하여 대표적 문예로서 정립하게 되자 그와 같은 의식은 점차 가셔졌고 근세 하이쿠(俳句) 등과 더불어 시가(詩歌)의 한 장르의 명칭으로 발전하였다.

을 들 수 있다. 이와 같은 문체의 산문을 번역하는 경우에는 중국시나 와카의 번역에서 유효했던 간결한 이미지의 치환만으로는 목적을 달성하기가 불가능하다. 『겐지 이야기』의 경우에는 원문에 명시되지 않은 것을 보충해서 번역해야 한다.

웨일리의 시 번역에 동시대의 이미지즘의 수법이 유효한 기능을 했다고 한다면 『겐지 이야기』의 번역에 유효한 것은 버지니아 울프의 「의식의 흐름」[14]과 공통하는 수법일 것이다. 위에서 본 것같이 『겐지 이야기』의 세계는 블룸스베리 그룹의 문화풍토와 공명하는 것이었지만 그것뿐만이 아니라 문체도 공통점이 있다고 말할 수 있다. 사실 울프도 웨일리의 『겐지 이야기』를 찬양하고 널리 사회에 퍼뜨린 사람 중 한사람이었다. 웨일리의 번역은 『겐지 이야기』를 일본연구의 틀을 넘어, 영국 문학뿐만 아니라 세계 문학이라는 넓은 영역을 확장시키고 그 위치를 공고히 확립했다. 그것은 번역이었던 동시에 그것 자체 뛰어난 예술작품의 창작이었다.

---

14 1910~1920년대에 걸쳐 영국문학에 있어서의 소설의 실험적 방법. 심리학에서는 윌리엄 제임스가 처음 사용한 용어로 처음에는(1884) '사고의 흐름(stream of thought)'이라 하였고, 후에(1892) '의식의 흐름(stream of consciousness)'이라고 하였다. 프로이트의 정신분석에서 큰 영향을 받았다. 어느 한때 개인의 의식에 감각·상념·기억·연상 등이 계속적으로 흐르는 것을 가리킨 말이며 이것을 문학에 이용하여 큰 효과를 거둔 것은 제임스 조이스의 『젊은 예술가의 초상』(1916)이다. 버지니아 울프는 조이스의 영향으로 『댈러웨이부인』(1925)에서 '의식의 흐름'을 추구해 성공한다.

5. 일본문화의 보편성

웨일리의 중국 연구는, 『논어』(The Analects of Confucius translated and annotated by Arthur Waley. London : Allen & Unwin, 1938), 『고대 중국의 삼대 사상』(Three Ways of Thought in Ancient China. London : Allen & Unwin, 1939), 『서유기』(Wu Ch'êng-ên, Monkey translated by Arthur Waley. London : Allen & Unwin, 1924), 『백거이의 생애와 시대』(The Life and Times of Po Chü-i, 772-846 A.D. London : Allen & Unwin, 1949), 『이백의 시와 생애』(The Poetry and Career of Li Po, 701-762 A.D. London : Allen & Unwin, 1950), 『원매전』(Yuan Mei. London : Allen & Unwin, 1956), 『중국에서 본 아편전쟁』(The Opium War through Chinese Eyes. London : Allen & Unwin, 1958), 『알려지지 않은 몽골의 역사』(The Secret History of the Mongols and Other Pieces. London : Allen & Unwin, 1963) 등 무수히 많다.

소논문 『일본문명의 독창성』(The Originality of Japanese Civilization. Oxford : Oxford University Prees, 1929 ; Tokyo : Kokusai Bunka Shinkokai, 1941)은 황기 2600년 기념으로 일본정부의 요청에 따라 기고된 소책자가 있는데, 실제로는 황기 2600년 기념의 취지에 영합해서 1941년에 써진 것이 아니라, 1929년에 적었던 논문을 재이용한 것이었다. 이 논문에서, 일본은 독자의 문화·문명이 없고 중국 등의 외국문명의 파생물에 지나지 않다고 하는 유럽뿐만 아니라 모든 시대의 일본인조차도 주장한 가설에 반론하여, 일본의 문화·문명의 독자성을 홍보하였다. 웨일리가 근거로서 든 것은, 와카, 노, 소설, 우키요에의 4가지이다. 이 중 3개는, 웨일리가 스스로의 번역을 통해서 세계에 알렸다. 따라서 이 논문의 주장은 단순한 이론에 머물지 않고, 웨일리의 번역의 실천과 표리일체를 이룬 것이다.

웨일리는 왜 중국 또는 일본에 가지 않았던 것일까. 일본의 전통문화에 조예가 깊었던 웨일리는, 현대 일본의 현실을 보고 환멸을 맛보고 싶지 않았을 것이라는 설이 있다. 일부 공감은 하지만, 웨일리의 신화화일지도 모른다. 웨일리가 1940년 가을에 쓴 「지적회화」라고 제목을 붙인 3페이지 정도의 에세이가 있는데, 그 안에서 웨일리는 블룸스베리 그룹의 사람들과의 회화가 얼마나 아찔할 만큼 현란했던가를 회상한다. 이 에세이에 관해서 동생 휴하트의 부인 마가렛의 친필 메모가 킹스 칼리지에 보관되어 있다. 그 속에서, "아서는 …… 어떤 경우든 화자로서보다도 필자(문장가)로서의 쪽이 뛰어났다." 고 하며 "구어에 의한 전달의 곤란함이 중국과 일본에 갈 수 없었던 것의 부차적 이유가 되었을지도 모르고, 현대 중국어나 일본어가 유창하지 않았을지도 모른다."고 기술되었다.

웨일리의 업적이 사회적으로 인식된 증거는 몇 개 있다. 그는 1945년에 모교 킹스 칼리지의 종신명예 펠로에 임명되었다. 1952년에 훈위(Companion of the British Empire), 1953년에 시인으로서의 공헌에 대한 현창(Queen's Medal for Poetry), 더욱이

1956년에는 별개의 훈위(Companion of Honour)를 수여받았다. 그러나 웨일리의 삶의 방식에는 세속을 초월하는 면이 풍기는데, 생애에 신비적인 두 사람의 여성이 존재했다. 문화인류학적 관심에서 널리 세계를 여행하고, 『발리의 춤과 연극』(Dance and Drama in Bali by Beryl de Zoete and Walter Spies with a preface by Arthur Waley. London : Faber, 1938)의 저술로 알려진 베릴(Beryl de Zoete, 1884-1962)은, 플라토닉한 정신적 사랑과 지적 유대로서 웨일리와 연결되어 있었다. 그녀는 난치병으로 웨일리의 간병을 받지만 먼저 세상을 떠난다. 또 다른 여성은 뉴질랜드에서 영국으로 건너와 젊은 날의 웨일리와 알게 되는 사이로, 가자의 길을 걷다가 이후 웨일리가 죽기 1개월 전에 결혼하고, 웨일리를 간병한 후 100세까지 산 앨리슨(Alison Grant Robinson, 1901-2001)이다.

웨일리의 자기형성은 영국의 양질의 지적·문화적 풍토 속에서 이루어졌지만, 연구대상은 본래 이질적 '타자'였다. '타자'와 마주보고, 그것을 잘 알기 위한 것만이 아닌, 자신의 언어로 바꾸는 작업이었는데, 그의 무궁무진한 지적 영위로 볼 수 있다. 그것은 이른바 '오리엔탈리즘'과는 준별되지 않으면 안 되는 것이다. 웨일리가 중국 문화의 번역과 일본 문화의 번역, 중국 연구와 일본 연구의 양쪽을 균등하게 다루었던 것도, 서구의 동양학자로서 예외적이라고 말할 수 있다. 웨일리는 대영박물관을 그만둔 뒤, 대학에서 전임직의 초빙이 있어도 모두 고사하였다. 그것은 그가 재야의 학자이면서 체제 내의 학자 이상으로 본격적인 학자였다는 의미이다. 되풀이 하자면, 웨일리는 그 격조 높은 번역에 의해서, 『겐지 이야기』를 일본 문학의 고전만이 아닌, 세계 문학의 고전으로서 널리 세계에 알렸다. 웨일리의 번역에 의해 처음으로, 일본 문학의 보편성이 현실화되었다는 것을 말해준다.

클로델의 일본감상

1. 클로델과 일본

폴 클로델(Paul Louis Charles Claudel, 1868–1955)은, 20세기 프랑스에서 가장 소중한 극시인이다. 현재에도 극의 작품은 새로운 연출로 계속 상연되고 있으며, 시인인 동시에 제 일선의 외교관이기도 했다. 일본과의 관계라는 측면에서 보자면, 다이쇼(大正) 시기(1912–1926)의 대사로서 4년 반 동안 체재했다. 그 기간에 일본의 전통문화에 깊은 관심을 갖게 되어 시편이나 에세이 등을 남김과 동시에, 1923년에는 관동대지진을 경험하기도 했다. 집대성적 장편희극 『비단구두(Le Soulier de Satin)』를 완성한 극시인은 『조광 속의 흑조(L'oiseau noir dans le soleil levant)』로 일본문화를 향한 궁금증을 더해갔는데, 「시인 대사」라고 불리는 데 어울릴 만큼, 일본 문화 교류에 결정적인 역할을 했다.

먼저, 클로델이 어떠한 시인이고, 극작가였는지를 알아두지 않으면 안 될 것이다.

클로델은 1986년에 동북 프랑스의 작은 마을에서 태어났다. 아버지는 등기소의 관사였다. 조각에 천재적인 두각을 나타낸 누나 카미유의 힘으로 파리로 이주해, 세기말의 유물사상 속에서 1886년 아르튀르 랭보(Jean Nicolas Arthur Rimbaud, 1854–1891)의 산문시집 『일뤼미나시옹(Illuminations)』과 『지옥의 계절(Une saison en enfer)』에 의해 시의 영역에 눈을 뜨게 된다. 이윽고 같은 해 12월 25일, 파리의 노틀담 성당에서 강연제의 저녁 미사 중에 성령을 받게 되고, 가톨릭 신앙을 다시금 찾게 되는 회심을 한다. 시인으로서 출발하고자 했던 클로델은 당시 문예의 선구적 유파 「상징파」의 스승인 스테판 말라르메(Stéphane Mallarmée, 1842–1898)의 '화요회'[1]의 단골손님이 되어, 만년의 말라르메의 「문예의 근거에 대한 물음」에 큰 영향을 받는다. 동시에 유럽세계를 탈출하기 위해 외교관 시험에 응시하여, 외교관으로서의 경력도 쌓기 시작하게 된다. 처녀 희극인 『황금 머리(Tête d'or)』가 저자명 없이 출판된 것은 1890년의 일이다.

이렇게 해서 클로델의 마음속에는 출발점부터 반근대・반

[1] '화요회' 회원들 중에는 폴 베를렌, 폴 발레리, 앙드레 지드 등이 있으며, 이들은 후일 세계 문단에 큰 족적을 남겼다.

서양이라는 지향이 뿌리 깊게 자리 잡고 있었다. 그것을 이끌어 준 것이 동양의 미혹이었다. 하지만 그것은 단순한 서양세계로부터의 도피가 아니었다. 또한, 열강의 식민지로서의 동양도 아니었다. 중국이나 일본이 클로델에게 내민 이미지는 시인으로서, 인간으로서의 클로델에게 가장 중요한 화해의 장치이기도 했다.

말할 것도 없이 클로델은 일본학자도 아니고, 일본연구자도 아니다. 일본어를 할 수 있었던 것도 아니다. 그와 동시에 「시인 대사(poete-ambassadeur)」라고 하면, 시인이 대사가 되었다고 생각하든지, 대사가 본업이면서 시인은 아마추어일 것이라 생각하기 쉽지만, 그렇지 않다. 물론 시인으로서는 젊은 시절부터 일부 선배들로부터 높은 평가를 받았다. 단지 동시대의 파리든 프랑스든 유럽을 혐오해, 일본에 오기 위해 외교관이 되었던 사람이다. 19세기말 유럽의 많은 지식인들과 예술가들 사이에서 번진 커다란 유혹은 하나의 「동양의 유혹」이라고 할 수 있다. 그것은 고갱의 타이티나, 피에르 로티의 오리엔트이기도 하지만, 그들과 비교해서 클로델의 경우는 훨씬 더 복잡하고 심각했다.

2. 이국취미를 넘어서

클로델은 1868년에 태어나서 1886년에 랭보를 발견하고 신앙을 되찾게 되는 중요한 사건을 경험한 후, 1890년에 처녀출판을 한 시인으로, 동시대 유럽은 진정으로 자신이 살아가야 할 곳이 아니라고 생각했다. 그래서 무엇을 자신의 사색, 혹은 삶 속에서의 근거로 할 것인지 한마디로 말하자면 외부(le dehors)인 것인지 고민했다. 이 경우의 외부에는 지리적인 외부(l'exterieur)와 겹치게 된다. 하지만, 이 외부는 우선 고전주의 이래로 유럽의 시발점이며, 그것은 한층 더 나아간 곳에 나타나는 외부인 것이다. 클로델이 젊은 시절 열광했던 책은, 그리스 희극이라면, 리세(고등학교)에서 가르치는 것과 같은 소포클레스나 에우리피데스가 아니라, 아이스킬로스 혹은 핀다로스를 읽었다. 어느 쪽이나 어렵기는 마찬가지인데, 일반적으로 중·고등학교에서 가르치는 것들은 아니다. 그리고 나서 도스토옙스키를 발견한다. 유럽의 주변부에서 나타난 악과 영성을 관통하는 문학이다. 또한 80년대의 파리에는 열광적인 「바그너파」가 있었는데 프로이센은 보불전쟁(1879)의 전승국이었기 때문에, 반프로이센적 내셔널리즘의 격한 반발 속에서 열광적인 바그너파가 되었다. 그리스·로마 신화라는 고전주의의 문화적 기억의 보증으로서가 아니라, 북유럽·게르만 신화로 인류 문화를 다시 읽고자 하는 신화적 희극이다.

이런 가운데, 누나인 카미유 클로델(Camille Claudel, 1864-1943)[2]은 로댕과 사제지간에서 연인관계로 진전하며 미모의 천재라고 칭송받기도 한다. 당시 로댕은 20년 동안 부부처럼 지내온 로즈 뵈레가 있었으며 카미유와 두 여자 사이를 오가는 생활을 지속했다. 그리고 그 외 많은 여자들 사이를 오가며 여성편력 또한 심했다. 극심한 스트레스를 받은 카미유는 로즈 뵈레와 자신 중에 한명을 선택하기를 로댕에게 요구했다. 그러더니, 강도 높은 피해망상적인 정신이상이라는 진단을 받게 되고 정신병원에서 죽게 된다.

「반근대」, 「반서양」의 생각으로 클로델은 일본에 오기 위해 외교관이 되었다. 어쨌든 당시는 배가 아니면 올 수 없을 뿐만 아니라, 수에즈운하가 제대로 작동되기 시작한지 얼마 되지 않았으며 시베리아 철도 등도 물론 없었다. 유럽에서 일본으로 오기 위해서는 40~50일 정도가 걸렸다. 간단히 왕래할 수 없었던 거리다. 동시대에 널리 읽혀졌던 그림이 삽입된 잡지 『세계일주(Le Tour du Monde)』 등을 보면, 일본으로의 여행은 위험한 곳으로 떠나는 탐색에 가깝다는 식으로 인식되었던 것을 상상할 수 있다.

만국박람회라는 문화장치가 이미 화려한 파리에서 기능하

2 카미유와 폴 남매는 우애를 돈독했으며 카미유가 처음 만든 조각작품이 동생 폴의 형상이었다. 아버지는 조각가가 되고자 하는 딸을 위해 헌신적인 후원자가 되었고 후일 아버지의 죽음은 카미유에게 큰 충격이자 절망이 되었다.

고 있었지만(1867, 1889, 1900년 등), 거기서 볼 수 있었던 일본이나 중국의 문화는 변함없이 엑조티시즘(exoticism)이라고밖에 할 수 없었다. 하지만 거기에서도 이문화가 유럽에 단순히 골동품이나 번역이라고 하는 형태만이 아니라, 물건 자체 혹은 인간 자체가 들어오는 시기였다. 어쨌든 열강의 권력과 경제력과 문화적 우월성의 전시장이었던 만국박람회로부터도 구미와 중국, 일본과의 지리적 거리만이 아니라, 그 문화적인 거리를 뛰어 넘을 수 있을지 기대하기 시작한 시기였다.

3. 무대표상

불문학의 전통에서 보면, 클로델은 「외부의 유혹」에 언제나 자신을 내보였던 시인이었다. 정형운문이라고 하는 것 자체가 위기를 경험하고 전통적인 시의 형식이 제도적인 시를 보증해주지 않을 것이라고 의심하기 시작했다. 동시대 문학의 선두를 달리는 상징파의 발명의 하나인 자유시가 있지만 그것은 동시에 「시적작용=시(poesie)」는 운문만이 아니라, 산문에서도 존재할 수 있다는 것의 확인이기도 했다. 클로델도 장단이 같이 섞인 자유시 형식으로 쓰게 되고, 그것은 성서의 운문 등과의 비교에서 '클로델풍의 시(verset)'라고도 불렸다. 하지만 이 독자적 시형은 일찍이 1955년에 장 스타로뱅스키

(Jean Starobinski)가 『신프랑스평론』의 「클로델 추도호」에서 언급한 대로, 독자적인 '전신체적인 참가'를 강요하는 그 의미에서 극단적으로 신체적이고 폭력적인 시구이며, 언어인 것이다. 말하자면 프랑스어의 내부에 외국어가 침입한 것과 같은 인상을 줄 정도로, 현대에서도 그 희곡이 빈번하게 상연되는 것은 정말로 그 언어가 가지고 있는 힘에 의한 것이다.

또한, 그 극의 줄거리도 생생하게 잔혹한데, 낭만파가 좋아하는 역사극과도 동시대의 리얼리즘이나 상징파가 선호하는 환상극과도 이질적이다. 인물이라고 해도 군집밖에는 등장하지 않는 혁명극을 쓰는 등, 대체로 동시대 파리의 선구적인 연극과는 무엇인가가 닮아있지 않았다. 그 하나의 기원은 폴 드 생 빅투아르의 『두 개의 가면』에서 읽혀지는 극히 니체적인 비극의 기원론이다. 하지만 클로델에게는 구체적인 모델의 가능성을 잉태하고 있다고 생각되는 무대표상이 없었던 것은 아니다. 바로 동양의 전통연극이다.

1889년 파리 만국박람회에서 신진 작곡가 클로드 드뷔시가 자바의 궁정무도 음악에 매료된 것과 견주어 말할 수 있는 또 하나의 만남은 당시의 프랑스 영역이었던 인도네시아의 전통연극에 클로델이 깊은 관심을 표한 것이었다. 이것은 궁정이나 부유한 계급의 문화가 중국기원이었던 것에서부터 중국의 전통연극의 흐름을 이었던 것이 아닌가라고 상상할 수 있다. 이 후 클로델은 첫 부임지 뉴욕에서 차이나타운의 전통 연극에 감동하여 중국으로 건너갔을 때 복주(福州)를 중심으로 한 중국 남부에서 전통적인 무대에 관심을 계속 이어가게 된다.

유감스럽게도 클로델이 중국에서 어떠한 작품을 어디서 어떻게 관람했는지는 알 수 없다. 광동이나 복주이기 때문에 곤곡(昆曲)[3] 등이 예상되는데, 경극(京劇)[4]의 보급도의 측면에서 생각해 보면 혁명 이전의 경극 등으로부터 상상되는 연기나 연출을 상정해도 좋을 것이다. 클로델이 서술한 데서 상상할 수 있는 관심은 배우의 놀랄만한 신체연기, 극 그 자체를 지탱하고 있는 듯한 강렬한 악단, 사실주의 무대미학에서는 감히 상상할 수 없는 의상이나 화장 그리고 소도구의 현란함과 호화로움이며, 그리고 무엇보다 막도 없는 벌거숭이 무대에 강렬한 환상이 출현한다는 것이었다.

4. 노 해석

'클로델과 중국' 혹은 '클로델과 일본'이라는 문제를 내세울 때 잊어서는 안 되는 문제의식이 있다.

---

3 중국 전통극의 곡조 중의 하나. 원(元)대에 장쑤(江蘇)성 쿤산(昆山)현에서 기원하여, 명(明)대 이후에는 주요 곡조의 하나가 됨.

4 중국의 대표적인 전통 연극. 베이징(北京)에서 발전하였다 하여 경극이라고 하며, 서피(西皮)·이황(二黃) 2가지의 곡조를 기초로 하므로 피황희(皮黃戱)라고도 한다. 14세기부터 널리 성행했던 중국 전통가극인 곤곡(崑曲)의 요소가 가미되어 만들어졌다.

그것은 클로델이 10대 후반부터 시인으로서 출발할 때 스승으로 모신 시인 스테판 말라르메(1842-1898)[5]의 만년의 사고이다. 무엇이 클로델을 일본문화에 다가가게 했던 것일까? 클로델은 분명히 전위적인 시인이었다. 인간으로서의 성향이라든지 시인으로서의 자질이라는 의미에서 봤을 때 클로델은 스스로 인정한 바와 같이 말라르메의 못난 제자이고, 정통적인 제자는 역시 폴 발레리(1871-1945)였다. 클로델은 파리에서 100여 킬로 떨어진 타르드누아(Tardenois)라는 시골에서 상경한 아주 거칠고 비사교적인 청년이었다. 그런 의미에서 성격이 서로 맞을 리가 없었던 두 사람이었지만, 클로델과 말라르메와의 사이의 몇 통 되지 않는 편지를 읽어보면 말라르메는 시인으로서 막 출발하려고 하는 클로델을 이해하고 있었으며, 클로델은 당시의 말라르메가 말하고 있는 중요한 요소를 진심으로 받아들이고 있었다. 클로델이 중국 체재 중 말라르메에게 보낸 서간에 후기 말라르메의 산문을 '일본의 데생'에 비유한 것이 있다. 즉 주절은 부재인 채로 수식절이 일본의 데생처럼 여백 속에 떠 있다고 말하고 있는 것이다.

클로델이 중국에서 관심을 가진 것 중에 도교(taoism)가 있다. 이것은 일본적으로 말하는 노장사상과 함께 보다 토착적

---

5 19세기 프랑스의 상징파 시인. 그의 '화요회'에서 20세기 초 활약한 지드, 발레리 등이 배출되었다. 장시 『목신의 오후』(1876), 『던져진 주사위』 등이 있다. 프랑스 근대시의 최고봉으로 인정받는다.

인 신앙도 포함하고 있다. 주제론적으로 말하면 노장이 설파한 공무(空無, vide)」를 향한 깊은 관심이다. 그와 함께 한자라는 형태에서의 문자에 대한 관심, 이 두 가지가 클로델의 중국을 관통한 방향성이었다. 예를 들자면, 고도 소주(蘇州) 왕성의 폐허에 서서 '중심의 공무'에 대해서 명상하는 대목은 『기호의 제국』[6]의 롤랑 바르트를 거의 4분의 3세기나 앞서 있다.

그런데, 말라르메가 클로델에게 문제형성의 모델로 기능하고 있다는 것은 클로델이 일본문화를 어떻게 파악하는가를 보면 한층 더 명백해진다.

말라르메가 '미래의 군중적 축제연극'의 당면한 모델로 제출한 것이 있는데, 그것은 ①운문 낭독회 혹은 일본 '노'로 예측되는 오라토리오 악극 ②바그너의 관현악에서 확장된 신화적 악극 ③발레리나가 자신의 신체로 무대 위에서 '상형문자'를 써가는 발레 ④사제(司祭)가 배우의 역할은 연기하지 않고, 신의 존재를 가리키는 것만으로 역할을 다하고, 사람들이 라틴어 성가를 부르는 것으로 전제적 합체를 도모하고 또한 오르간이 우주적인 소리를 공간에 내뿜는 가톨릭 미사, 이 네 가지였다.

거기에는 말라르메의 문제의식인, 구체적으로는 시간・장

---

6 롤랑 바르트는 『기호의 제국』에서 "일본의 도심에는 공백이 있다."라고 말했다. 이 책은 일본에 대한 보편적인 정보나 소개가 아닌 이미지를 기호적으로 접근하고자 한 데서 일본의 이미지를 차용했다고 할 수 있다.

소 · 인물로부터 자유로운 추상적 극작술이 예상된다. 한편으로 그것은 팬터마임이나 서커스의 줄타기 등과 같은 연극의 직접적 힘 혹은 직접적인 신체 기술의 재평가와, 다른 한편으로는 셰익스피어의 『햄릿』을 말라르메 고유의 읽기 방식으로 정립한 「주인공은 한 사람이며 그는 그 자신의 행동을 적어 놓은 책을 읽으면서 방황하며, 다른 사람들은 군중으로 주인공을 둘러싼다.」라고 하는 일본적으로 말하면 '시테[7] 일인주의' 구조를 주창하고 있는 것이다.

이렇게 되니 노를 해석하는 클로델의 시선이 담겨져 있는 극장의 장치도 궁금해진다. 1922년 10월 『도조지(道成寺)』를 보고, 전단의 「란뵤시(亂拍子)」의 부동의 연기를 '정말로 극적이다'라고 기술하고 있다. 이듬해 설날 우메와카핫카이(梅若發會)에서 본 우메와카 로쿠로(梅若六郎)의 『오키나(翁)』를 통해, 예능의 근거인 농작 제사와 주술적 모방 춤사위를 이해하게 된다. 또한 2월에 보게 되는 간제사콘(觀世左近)의 『가게키요(景淸)』의 노쇠하고 장님이 된 무사와 그 딸과의 이별에 감동한다. 그리고, 사쿠라마 긴타로(櫻間金太郎)의 아이를 잃고 미쳐가는 엄마의 시오리[8] 몸짓에 감동한다. 이는 '몸짓의 시적인 다의성'을 찾는 일련의 발견이다.

---

7 노 · 교겐 연극의 주역을 말한다.

8 손을 눈에 가깝게 가져와 우는 몸짓.

이것은 1926년에 집필하기 시작한 일본문화론 『조광 속의 흑조』의 「노론(能論)」에 결집되어 있지만, 클로델의 노 체험을 분석하는 것은, 바꿔 말하면 클로델이 본래의 무대예술에 있어야만 하는 모습으로서 이론적 틀이라고 한 말라르메의 문제형식 그 자체를 다시 해석하기 위한 작업과도 같다.

5. '시인 대사' 클로델

'시인=대사'라고 적으면 아무리 봐도 외교관으로서 클로델이 '문화 교류'를 목적으로 일본에 파견되어 온 것인가라는 인상을 줄지도 모르지만, 전혀 그렇지 않다. 아직 문화정책이라는 것이 국제적인 지평에서 존재하지 않은 시대였기 때문이다.

외교관으로서 클로델의 전문은 통상으로, 통상 담당 외교관으로서 계속 경력을 쌓아 성공한다. 그러므로 그 자신은 시인이고 대사이었지만, 이렇다 할 만한 문화적 메시지를 전달하는 '시인 대사'라고는 생각한 적이 없다. 보다 정확하게 말하자면 일본에 오기까지는 인식하지 못했던 것이다. 당연히 외교관으로서 클로델은 임지를 전전할 수밖에 없었다. 중국 다음으로는 프라하에 갔고, 그리고 프랑크프루트로 옮겨가게 된다. 리우데자네이루, 코펜하겐을 거쳐 일본에 온다. 일본 다음으로는 워싱턴, 그리고 브뤼셀에서 외교관으로서의 경력을 마치게 된다. 하지만, 예를 들어 프라하나 독일에 있었을 때 클로델이 현지의 문화에 흥미를 표시한 행적은 없다고 한다. 그것은 조금 과장한 것 같은 느낌도 들지만, 요컨대 그 임지에서 클로델이 보헤미아의 바로크와 프랑스의 고딕건축과의 비교와 같은 강연을 한 예가 없다. 중국에서는 북경이외의 근무지는 대부분 복주였는데, 그곳은 복건성(福建省)의 수도로 군항이었다. 복주 교외의 고산(鼓山)은 피서지로 용천사(湧泉寺)라는 관음사가 있다. 그곳은 서양인을 위한 피서지로 유명했는데, 가령 '프랑스문화에 미친 중국의 영향'과 같은 강연회를 할 만한 곳은 아니다. 시인 클로델의 체험으로 보자면 중국에 대해서 『동양인식(Connaissance de l'Est)』(1900)이라는 아주 중요한 산문시를 적은 시기이기도 했다.

대사로서 일본에 부임하자 사정은 급변했다. 1921년 가을에 일본에 와 1927년 2월까지 도중에 1년간의 휴가를 제외하면 4년 반을 체재했다. 하지만 그 4년 반의 일본 체재 중에 놀랄 만한 것은, 통상담당 대사이기도 하면서 시인이며 극작가인 클로델이, 일본인이나 일본문화와의 관계 속에서 프랑스인이나 프랑스 문화를 다시금 생각해 볼 필요를 느끼게 된다.[9]

---

9 너무나도 전위적이어서 프랑스인이라도 몇 사람만이 칭찬하는 『마리아에의 계시(L'Annonce faite à Marie)』와 『인질(L'Otage)』의 연극 정도밖에는 상연되지 않은 난해하기 짝이 없는 극작가로 평가받기도 한다.

일본도 영일동맹[10]이 끝나고, 일본은 어디와 손을 잡아야 할 지 모색하고 있었던 일종의 공백시대였다. 예를 들어 일불회관 창설을 책임지고 있었던 시부사와 에이이치(澁澤榮一, 1840-1931)의 예에서 알 수 있듯이 친불파의 재계인·정치인이 있었다. 클로델로서는 그 외교적 공백시대를 프랑스와 일본이 손을 잡을 절호의 기회라고 생각해 프랑스 외무성을 상대로 그 필요성을 끊임없이 주장했지만, 프랑스의 극동에 대한 관심은 인도네시아 반도 지배로 국한되어 있었다. 기껏해야 중국의 철도 이권 정도로 일본은 시야에 들어오지 않았던 것이다.

이러한 외교적 정세 속에서 대사 클로델은 이 시기에 처음으로 자신도 시인이며, 프랑스 문화를 대변하는 사람이 되지 않으면 안 된다고 생각하게 된다. 예를 들어 일본어와 프랑스어의 비교나 일본문화와 프랑스문화의 비교라는 강연을 시작한다. 이것은 그의 경력 속에서 일본에 와서 처음으로 하게 되는 일이다.

20세기의 서구에서 이문화 수용이라는 관점에서 보면 말할 것도 없이 클로델 쪽이 선구적이지만, 여기서 상기해야 할 점은 지금에 와서야 프랑스가 문화정책을 국책의 우선과제로 하고 있지만, 당시는 달랐다는 점이다. 이러한 시대를 앞선 문화정책을 바로 클로델이 완수했던 것이다. 즉, 클로델은 수

---

10 1902년 영국과 일본이 러시아를 공동의 적으로 하여 러시아의 동진(東進)을 방어하고 동시에 동아시아의 이권을 함께 분할하려고 체결한 조약.

동적으로 일본문화를 배우고자 했던 것이 아니다. 시인으로서도 대사로서도 이문화를 어떻게 받아들이고 그것을 어떠한 형태로 자신들 고유의 문화 속에 접목시키면 좋을까라는 의문을 던지면서 일본문화와 접촉했던 것이다. 클로델이 자신을 흔히 말하는 '시인=대사'라는 특권적인 담론생산의 장에서 변용시켰던 것이다.

이것은 작가 클로델의 내부에서 보자면, 일본의 '자연적 풍경'이라는 회화의 조형적인 표상을 이야기할 때 나오는 라이트 모티브가 '여백', '문자', '레이아웃'이기도 하다는 말라르메의 '비평시'를 관통하는 주제이며, 그 변주인 것이다. 그리고 그렇게 함으로써 한편으로는 통신수단에 한계가 있었던 시대에 일종의 저널리스트로서의 역할을 수행했다고 본다. 또한, 현대적인 의미로는 프랑스에서 그다지 중요하게 여겨지지 않았던 「에세이」라는 언어태(言語態)에 새로운 경지를 열게 된다.[11]

이 외에도 '단시형'의 실험뿐만 아니라, 스스로 붓을 쥐고 음성문자를 상형화하는 대담하고, 때로는 매력적인 모험도 계속하고 있었다. 일본어 해독이 불가능했던 '시인 대사'는 역시 시인이기에 언어에 도전하지 않고서는 못 견디었던 모양이다. 텍스로서의 일본을 해독하려는 그의 진지한 시선이 상상된다.

---

11 그 대표작으로 『조광 속의 흑조』와 네덜란드에서 집필한 미술론 『네덜란드회화서설』이 있다.

일본문화론의 화룡점정

1. 공화국과 군주국

미국은 전형적인 공화국이고 공화주의를 이념으로 세워진 국가이다. 일본은 군주가 지배한다는 의미에서 군주국은 아니지만, 형태상 군주가 존재하는 이상, 공화국이라고는 말할 수 없다. 특히 메이지 헌법 아래서는 적어도 법률상 절대적인 권력을 부여받은 천황이 존재하고 있었던 것만으로 일본은 문자 그대로 군주국이었다. 표상으로서 일본을 논할 경우, 전전이든 전후든 천황제를 빼고 일본을 논한다면, 화룡점정을 빠트렸다는 비난을 피할 수 없을 것이다.

일본 천황제를 논하는 경우, 이러한 일본과 가장 먼 위치에 있는 나라는 미국이다. 프랑스, 독일, 이탈리아 등의 모든 나라도 현재는 모두 공화국이지만 이전에 군주국이었던 시대도 있었고, 군주제에 강한 위화감을 가졌다고 보기 어렵다. 단지 미국만이 군주제의 역사를 가지지 않았고 건국에 임해서도 영국 군주의 지배에서 독립하는 것을 요구하며 싸웠다. 독립선언에는 그 대부분을 영국 국왕의 폭정의 사례를 열거하고 있다. 미국은 건국 이래 민주주의 국가였다고 생각하는 사람들이 적지 않다. 그러나 그것은 정확하지 않다. 미국은 민주주의를 이념으로써 건국된 나라가 아니라 공화주의를 이념으로 건국된 나라다.

민주주의와 공화주의가 자주 혼동되기도 하는데 결코 동일의 개념은 아니다. 공화주의는 고대 로마에서 시작한 반군주제도의 사상이다. 군주제와 같이 한 사람 또는 그 측근에 권력이 집중하면 권력은 반드시 부패한다. 그러므로 정치의 부패를 막기 위해서는 군주제를 폐하고 권력을 시민의 손으로 되찾지 않으면 안 된다. 그러나 시민의 수중에 있는 권력도 절대로 부패하지 않는다고는 장담할 수 없을 것이다. 시민에 의한 정치가 부패하지 않기 위해서는 시민 자신이 덕성을 겸비한 존재가 되지 않으면 안 되는 것이다. 이 점에서 공화주의는 첨예하게 민주주의와 대립한다. 그 경우, 민주주의는 다수 민중에 의한 지배이고 일시적 충동에 의하여 좌우되는 중우정치에 빠질 위험성이 높은 데에 비해서, 공화정치는 지성과 덕성을 겸비한 시민에 의한 공동자치이다. 모든 민중이 지혜와 덕성을 겸비하고 있다고 말할 수 없는 이상, 민주주의와 공화정치는 반드시 일치하지 않는 것이다.

다만, 미국에서도 평등화가 진행되어 일반 민중의 강력한 발언권에 힘입어 양자의 차이는 사라져 없어질 것이다. 역사적으로는 잭슨 대통령 시대에 표면상 공화주의라는 단어가 많이 사용되면서도 그 실질적인 내용은 민주주의를 의미하는 것 같았다. 오늘날은 민주주의와 공화주의가 거의 같은 의미로 사용되고 있다고 해도 과언이 아니다. 물론, 양자가 다른 의미에서 사용되는 것은 공화주의가 덕성을 겸비한 엘리트에 의한 통치를 강조하는 보수적인 입장에서 이용되고 민주주의가 민중에 의한 통치를 강조하는 혁신적 입장에서 이용되는 경우일 것이다.

단, 미국 정치사회의 기본원리라는 시점에서는 공화주의의 원초적인 정신은 민주주의적인 제도 속에서 지금까지 계승되고 있다고 해야 할 것이다. 거기서는 「모든 개인이 지혜와 덕성을 겸비한 시민인 것이 민주주의의 기본 전제이다」라는 대원칙이 의연히 넓게 수용되어 있고, 학교교육이나 가정교육도 그 원칙에 기초하여 시민 육성에 노력하고 있다고 해도 좋을 것이다. 그리고 공화주의적인 원리가 존재하고 있는 한, 일본의 천황제는 비판적 고찰의 대상이 되지 않을 수 없다.

2. '삶 속의 죽음'에 대한 성찰

1990년대에 들어서면 천황제를 정면에서 논한 저자가 잇달아 등장한다. 그 계기가 되었던 것은 쇼와 천황의 사망이었다. 1988년 9월 19일에 천황중태 보도가 시작되더니 이후 1989년 1월 7일 천황사망을 거쳐 2월 24일 장례식에 이르기까지 일본열도에는 이상한 자숙의 폭풍이 세차게 불어 닥쳤다. 다섯 달 반 동안, 대부분의 일본인들이 극히 엄숙한 분위기에서 지냈다. 가게에서 팥밥이 추방되고 축제라고 이름 붙여진 대부분의 이벤트가 중지되었으며 가요의 가사나 제목에까지 이의가 제기되었다. 지금까지 심층에 감춰져 있던 일본인의 의식이 갑자기 표면으로 분출했다고 볼 수 있다. 경제적 번영을 누리게 된 이후 처음으로 제 2차 세계대전과 그 유산, 특히 희생자로서만이 아니라 가해자로서의 일본의 역할을 되짚어 보려는 시도가 있었다. 또한 그와 동시에 그러한 비판적 자기반성을 싹부터 제거해 버리려는 행태도 자율규제라는 허울을 뒤집어쓰고 화려하게 전개됐다.

이 무렵, 서양인의 일본 천황에 대한 관심도 급속하게 높아졌다. 처음으로 간행된 것은 노마・필드의 『죽어가는 천황의 나라에서(In the Realm of A Dying Emperor)』이었다. 필드는 1947년에 미국인 아버지와 일본인 어머니와의 사이에서 태어나, 1965년 대학 입학을 위해 미국에 건너갈 때까지 일본에서 생활했다. 그녀는 현재 시카고대학 교수로 일본문학과 일본근대 문화론을 강의하고 있다. 이 책은 천황이 병상에 있었을 때 일본에서 일어난 세 가지의 사건을 서술하고 있다. 첫째는 오키나와 국민체육대회 때의 일장기 소각 사건이고, 둘째는 야마구치의 호국신사 합사 거부이며, 셋째는 나가사키 시장의 전쟁책임 발언이다. 모두 천황제와 관련이 있는 사건이었고, 그 당사자는 천황제를 당연시하는 사회에서 소수파가 되지 않을 수 없었던 사람들이었다.

오키나와 사건은 전중 전후의 오키나와가 놓였던 지위와 상황에 깊이 관계하고 있다. 제2차 세계대전 말기 오키나와는 전장이 되어 다수의 병사와 시민이 희생되었다. 전후는 오랫동안 미국의 통치하에 있었고 1972년에 일본으로 복귀하고부터도 미군기지의 대부분은 오키나와에 설치되어 있었다. 이렇게 차별받고 있는 이상, 일장기나 기미가요에 대하여 본토의 일본인과 다른 입장을 표명해도 이상할 것이 없다. 그래서 1987년에 오키나와에서 국민체육대회가 개최되었을 때, 대회장에서 히노마루의 게양과 기미가요의 연주가 큰 문제가 되었다. 소프트볼 대회장이었던 요미탄손에서는 치바나 쇼이치가 히노마루 일장기를 끌어내려 불질러 버렸다. 치바나는 기소되었고 법정 내외에서는 우익의 폭거가 계속되었다. 필드는 국민체육대회의 의미에 대해서 날카로운 견해를 밝히고 있다.

> 국체(國體)는 국민체육대회의 줄임말로 일본음으로는 '코꾸따이'인데, 음과 글자가 다 똑같은 '코꾸따이'가 또 하나 있다. '국체' 이는 'national polity'라 번역되지만, 좀 더 흔하게 사용되는 'body politic'(정치체, 국가)이라는 말이 그 유기체론적 의미를 전달하는 데 적합할 것 같다. …… 천황이 국민체육대회와 일찍부터 관련을 맺은 것에서 어떤 조짐을 엿볼 수 있다. 이 스포츠행사에 필수적인 것이 된 감시체제는 두 낱말이 발음상으로 공통되는 것 이상의 무엇을 시사하고 있다. 그것은 실로 전전의 정치체(政治體, body politic)의 규율과 전후의 체육경기체(體育競技體, body athletic)의 규율 사이의 연관성을 암시하고 있는 것이다.
>
> –노마 필드 지음 · 박이엽 옮김
> 『죽어가는 천황의 나라에서』, 창작과비평사, 1995, 83–84쪽

천황이 자리한 가운데, 일장기와 기미가요[1]로 꾸며져 개최되는 국체는 전전의 「국체」를 유지 또는 부활시키려는 의도가 농후하다고 지적한다. 국체에 대한 적극적인 저항은 일본 내에서의 소수파의 양심과 용기의 발현인 것이다.

야마구치의 사례는 자위관이었던 남편이 순직한 후, 호국신사에 합사되는 것을 거부한 기독교도 나가타니 요코가 합

[1] 일본의 국가(國歌)이다. 가사는 5줄 31음절이며, '천황의 통치시대는 천년 만년 이어지리라. 모래가 큰 바위가 되고, 그 바위에 이끼가 낄 때까지.'라는 천황의 시대가 영원하기를 염원하는 내용이다.

사신청을 취소 요구해 일어난 재판이다. 1심과 2심의 재판에서는 「자위대의 담당관이 합사신청 수속을 한 것은, 정교분리의 원칙에 반하고, 아내의 뜻에 반해서 남편을 호국신사에 모시는 것은, 종교상의 인격권을 침해하는 것이다.」라고 해서 원고승소 판결을 내렸다. 그러나 1988년 최고재판소(한국의 대법원에 해당) 판결은 원고측 역전 패소 판결을 내리고, 그 주된 이유로서 자위대는 합사신청의 사무적인 협력을 한 것일 뿐 정교분리의 원칙을 침해하지는 않았다는 것과 신앙의 자유는 다른 종교에 대한 관용을 전제로 하고 있기 때문에 강제나 신앙의 방해가 없는 한, 합사되어도 참고 견디어야 한다는 것, 이 두 가지를 들고 있었다.

이 관용의 요구는, 소수파 기독교 교도에 대해 국가를 배경으로 가진 호국신사의 종교적 행사를 참고 견딜 것을 요구하고 있는 것이기 때문에 본말전도가 매우 심한 것이다. 호국신사에의 합사를 다수파 쪽이, 소수파인 기독교 교도의 요구를 인정하는 것이 관용의 본래의 올바른 자세일 것이다. 필드는 이 사건을 둘러싸고 천황제에 대해 특기하고 있지는 않지만, 일본에서 소수파의 위치를 알 수 있는 적절한 예로서 야스쿠니 신사[2]나 호국신사의 존재를 당연시하는 다수파에 감히 이

2 평화로운 나라 라는 뜻을 지닌 야스쿠니. 이름과는 상반되게 전쟁의 하신들을 추모하는 신사. 1979년에는 제 2차 세계대전의 전범들까지 이곳으로 옮겨왔다. 전쟁이 끝난 뒤 연합군총사령부는 야스쿠니신사의 호국적 성격을 알고 단순한 종교시설과 순수한 전몰자 추도시설 중 하나

의제기를 한 기독교 교도 나가타니 요코를 소개한 것이라고 생각된다.

또한 나가사키의 사례는, 나가사키 모토시마 히토시 시장이 시의회 의원의 질문에 「외국의 여러 가지 기술을 봐도, 일본의 역사를 계속, 역사가들의 기술을 봐도, 내가 실제로 군대생활을 해서, 특히 군대의 교육에 관계를 힘쓰고 있었습니다만, 그런 면에서, 천황의 전쟁책임은 나는 있다고 생각합니다.」라고 대답한 것에서 발단한다. 천황이 병상에 누운 이후, 천황의 전쟁책임을 화제로 하는 것은 터부였다. 그 터부에 정면에서 도전한 모토시마 발언은 큰 반향을 불러 온갖 비난이 모토시마 시장에게 집중되었다. 하지만 모토시마 시장을 지지하는 소리가 전혀 없었던 것은 아니다. 나가사키의 일부 시민이 시장을 지지하는 태도를 표시했었고 일본 전국에서 시장의 발언을 지지하는 여러 통의 편지가 밀려왔다. 물론 편지 중에는 시장을 비난하는 것도 적지 않았지만, 후에 고미치 쇼보에서 7300통 이상 있었던 편지 중에서 찬반 합쳐 300통 정

를 택하라고 일본에 강요, 일본은 종교시설을 택하였지만, 야스쿠니신사의 특수한 기능인 전몰자 추도시설 기능을 완전히 박탈하지는 못하였다. 현재 야스쿠니신사에는 총 246만여 명의 전몰자가 안치되어 있고, 일본 육군의 아버지로 불리는 오무라 에키지의 동상, 대형 함포 등 각종 병기, 자살특공대인 가미카제(神風) 돌격대원의 동상, 전함 야마토의 특대형 포탄, 군마와 군견의 위령탑, 제로센(0戰) 전투기 등 제2차 세계대전 당시의 전쟁 유물과 전범의 동상들이 헤아릴 수 없을 정도로 전시되어 있다. 야스쿠니신사의 상징인 흰 비둘기가 평화를 의미하는 것과는 반대로, 전시물들은 전쟁과 전투의 의미를 부각시키고 있어 전쟁박물관인지 신사인지 구분이 되지 않을 만큼 이중성을 가지고 있는 곳이다.

도의 편지를 골라 출판했다.[3] 필드는 이 책에 수록된 편지를 소재로 일본인의 천황관을 살펴봄과 함께 모토시마 시장과의 인터뷰를 통해 그의 심경과 의견을 물어 천황의 전쟁책임 문제에 다가서고 있다.

『죽어가는 천황의 나라에서』는 천황제를 지지하는 다수파에 대해 소수파의 입장에 서지 않을 수 없는 3명이 직면한 사건을 회고하면서 그들처럼 소수파로서 살지 않으면 안 되었던 자기 자신의 경험을 이야기하는 형태로 구성되어 있다. 소수파의 체험을 극명하게 그린 것으로, 천황제를 지지해 온 다수파의 행동양상이 선명하게 떠오르는 것이다. 일본과 미국 두 나라에서 자아형성을 이루었던 저자만이 쓸 수 있는 독특한 일본론이라 하겠다.

3. 이보다 더 순종적일 수 없다

메이지헌법 아래의 천황제와 현행 헌법 아래의 천황제와의 사이에는 커다란 차이점이 있다. 한쪽은「신성하고 침범할 수 없는」사람으로 나타난 신이고, 다른 한쪽은 국민통합의 상징으로 되어 있는 인간이다. 그것은 거의 혁명에 가까운 대변혁

3 『나가사키 시장 앞으로 보낸 7,300통의 편지(長崎市長への七三〇〇通の手紙)』, 고미치쇼보(徑書房), 1989.

이다. 그러나 그 대변혁은 극히 평온하게 달성되었다. 그것은 제2차 세계대전의 패배를 계기로 점령군 통치하에 놓였던 시대에 거의 무혈혁명에 가까운 형태로 달성되었다.

천황제의 전환도 포함해서 제2차 세계대전 후의 일본의 변화는 그것 자체 큰 의문에 가득 차 있다고 말해도 좋다. 군주국 일본에서 민주국 일본으로, 또는 일본신민에서 일본시민으로라는 거대한 전환이 왜 커다란 혼란도 없이 실현된 것일까. 이런 의문에 정면으로 부딪친 것이 1999년에 간행된 존 다우어의 『패배를 껴안고(Embracing Defeat : Japan in the wake of World War II)』[4]이다. 다우어는 1938년 태어나, 하버드 대학에서 박사학위를 취득, 현재는 매사추세츠 공과대학 교수이다.

'제2차 세계대전 후의 일본과 일본인'이라는 부제가 달린 이 역사서는 6부로 구성되어 있는데 제1부 「승자와 패자」, 제2부 「절망을 넘어서」, 제3부 「혁명」은 민중사이며 사회사이다. 여기서는 허탈, 다케노코 생활, 팡팡 매춘, 암시장, 가스토리[5] 문화라는 당시의 세상을 나타내는 테마가 이야기되어, 전

---

4 최은석의 번역(『패배를 껴안고』, 민음사, 2009)으로 출판되었고, 2000년 퓰리처상을 받은 이 책은 패전 직후 점령군 하에서 일본인이 느낀 심리적 상태와 처지를 자세히 보여준다.

5 예를 들어 가스토리 잡지는 태평양전쟁 종결 직후의 일본에서 출판 자유화를 계기로 발행된 대중오락잡지를 가리키는데 이것들은 투박한 용지에 인쇄된 저렴한 가격으로 구매 가능한 잡지다. 내용은 흥미 본위로 적당하게 제작된 것이 많아 선정적이고 엽기적인 것이 특징이다. 구체적으로는 공창 지역 등의 유흥가 탐방 기사, 엽기 사건 기사, 성생활 고백 기사, 포르노 소설 등의 성적 흥분을 부추기는 여성의 사진과 삽화가 게재되었다.

쟁 후 일본인이 절망적인 상황을 뛰어넘어 서서히 자기변혁으로 나아가고 있는 역사가 많은 사진이나 에피소드를 섞어 흥미롭게 엮어져 있다. 제4부 「민주주의」, 제5부 「죄악」, 제6부 「다양한 재건」은 주로 정치사의 내용으로 점령군과 일본의 지도층이 민주주의적 변혁 속에서 어떤 역할을 다했던가가 서술되어 있다.

그 중, 천황제 문제를 집중적으로 논하고 있는 것은 제4부의 제9~11장이다. 패배 직후, 천황제의 장래는 결코 무사하지 못했다. 천황의 퇴위에서 천황제의 폐지에 이르는 다양한 주장들로 국내외를 떠들썩거렸다. 이런 상황에서 쇼와 천황하의 천황제 유지에 결정적 역할을 한 것은 점령군 총사령관 맥아더였다. 승리국의 사령관이 패전국의 군주제를 옹호한다고 하는 것은 세계사적으로 봐도 드문 일이지만 패전국 국민이 승리국의 점령군 사령관에 압도적인 신뢰를 보낸다고 하는 것 또한 매우 드문 일이다. 무척 이해하기 힘든 대목이다. 다우어는 다음과 같이 서술하고 있다.

> ……사회학자 히다카 로쿠로(日高六郎)가 말한 일본인의 '낡은 의식'은 민주화를 받아들이기에는 적절치 않아 보였지만, 그렇다고 해서 그 의식이 구제 불능일 정도로 반동적인 것은 아니었다. 시간이 지남에 따라 승자와 그 정책에 대한 민중의 반응은 이념적으로는 모호했을지 몰라

도 예상 밖의 활기를 보이게 된다.

이러한 현상은 맥아더 장군 개인에 대한, 또 GHQ에 대한 일본인의 태도에서 극적으로 구체화되었다. 모든 계층의 일본인이, 지금까지는 천황에게만 바쳐 왔던 뜨거운 애정으로 최고 사령관을 받아들였으며 얼마 전까지만 해도 일본군 지도부에게 보냈던 경의와 복종을 GHQ에게 표하기 시작했다. 물론 이런 행동 양식은, '민주주의'의 유행이란 일본적 순종의 오랜 역사가 탈바꿈한 데 지나지 않는다는 주장에 힘을 실어 주는 듯이 보였다. 하지만 실제로 민중이 승자를 받아들인 이유는 제각각이었으며, 상당히 개인적인 이유에 의한 경우도 많았다.

–『패배를 껴안고』, 민음사, 2009, 288–289쪽

권위에 순종하는 일본인의 태도에 변화가 일어난 것은 아니었다. 권위가 천황에서 맥아더로 이동한 것뿐이다. 맥아더에 대한 일본인의 열광적 모습을 나타내는 지표의 하나는 일본인이 맥아더에게 보낸 편지의 수이다. 그것은 연합국 번역통역반이 처리한 것만으로 1946년 9월부터 1951년 5월까지 441,161통에 이른다. 맥아더는 이런 일본인의 열광적인 지지에 힘을 얻어 일본의 민주주의적 개혁을 진행시켰지만 동시에 천황제를 존속시키기 위한 노력도 거듭되고 있었다. 점령군의 모순된 정책은 맥아더가 군주주의자였기 때문이 아니라 일본 점령통치를 성공시키기에는 그대로 천황제의 온존이 최

선의 방책이라고 확신한 듯하다.

일본의 민주주의적 변혁이나 천황제의 존속도 연합국최고사령관총사령부(GHQ)의 권력을 배경으로 맥아더의 주도하에 이루어졌으며, 그것을 일본 민중이 열렬히 지지했던 것이 패전 후 일본 변혁을 큰 혼란 없이 성공시킨 최대의 이유라고 볼 수 있다. 다우어는 이 책의 「에필로그」에서 다음과 같이 서술하고 있다.

> 이렇게 해서 연합국 최고 사령관에 의한 신식민지주의적인 위로부터의 혁명이라는 변칙적 사태는 양날의 검이 되었다. 이것은 순수하게 진보적 개혁을 추진함과 동시에 통치의 권위주의적 구조를 다시 한 번 강화시켰다. 전쟁 중의 시스템과 전후의 시스템이 버클로 연결되어 있다. 이렇게 표현할 경우 연합국 최고 사령관이야말로 버클에 해당한다는 사실을 잊어서는 안 된다. 정복자들은 전례 없는 권력을 국회에 부여했지만 법안의 작성과 상정에는 관료적 시스템을 이용했다. 내각을 문민화하고 강력한 책임 능력을 부여했지만 그 후에 사령부 스스로가 내각에 부여된 힘을 잃게 하는 듯한 행동을 취했다. 1930년대 초부터 1945년까지 일본이 기본적으로 권위주의적이면서 군국주의적인 지배를 받았다는 것은 흔히 알려진 사실이며, 실제로 그러했다. 하지만 사실상 군부의 지배 아래 있었던 것은 1945년까지가 아니라 점령이 끝난 1952년까

지였다.

−앞의 책, 734-735쪽

이 책은 결코 승자의 입장에서 쓰여진 것이 아니라 패자 그것도 민중의 시각에서 쓰여진 것이다. 도쿄재판이 승자의 재판이고 많은 의문점을 가지고 있었던 것에도 상당한 분량의 페이지를 할애하고 있다. 또한 점령군에 의한 검열이 도를 지나쳤다는 것도 많은 실례를 들어 논하고 있다.

4. 어눌한 히로히토

『패배를 껴안고』는 쇼와천황만을 논한 책은 아니지만, 그 간행 이듬해 2000년에는 허버트 빅스의 『히로히토 평전(Hirohito and the Making of Modern Japan)』이 출판되었다. 이 책도 2001년에 퓰리처상을 획득하여 일본론 분야에서 2년 연속으로 퓰리처상 수상자가 나와 큰 화제가 되었다. 단 『패배를 껴안고』가 많은 호평과 공감을 얻은 것에 비하면 『히로히토 평전』은 칭찬과 비난이 반반이었다고 볼 수 있다.

빅스도 다우어와 같이 1938년에 태어나, 하버드 대학에서 박사학위를 취득, 현재는 뉴욕주립대학교 빙햄턴 캠퍼스 교수이다. 이 책은 제목처럼 쇼와천황의 생애를 기록했지만, 그 시점은 쇼와천황의 전쟁 책임에 한정하고 있다. 빅스는 쇼와천황이 메이지천황의 선례를 벗어나 정치적 결정에 개입, 그 이유로 전쟁 책임도 벗어나기 어렵다는 입장을 취하고 있다. 본서의 평가가 나눠지는 것은, 쇼와천황이 정치적 결정에 개입했다는 것을 실제로 증명할 수 있는가 없는가에 달려있다.

메이지 헌법 아래에서 천황의 정치적 역할은 양면성을 지니고 있다고 생각된다. 헌법 조문에 천황은 「신성불가침」으로 행정, 입법, 사법 등의 통치권이 모두 천황에게 집중되어 있다. 천황은 단순히 정치권력의 절대적 소유자만이 아니라 정신적 권위의 절대적 소유자이기도 했다. 천황은 신의 아들 또는 현인신(사람의 모습으로 이승에 나타난 신)이라고 하여 국민은 외면적으로 천황의 명령에 복종할 뿐만 아니라, 내면적으로도 천황을 존경할 것을 요구받았다. 단지 실제의 정치에서는 천황친정이라는 형태가 취해진 것은 아니다. 천황의 절대성은 표면상의 원칙으로, 실제로 천황은 의회나 내각, 원로나 중신 등의 「보필」이나 「협찬」을 받아서 정치를 행하는 것이다. 만약 정치에 오산이나 과실 등의 실패가 있으면 그것은 천황의 책임이 아닌, 「보필」이나 「협찬」의 방법에 문제가 있는 것이다. 이런 정치 본연의 자세는 서구의 입헌군주제와 유사한 측면이 있는 것 같다.

메이지천황이나 다이쇼천황도 기본적으로는 입헌군주적인 방식으로 행동했다. 빅스는 쇼와천황은 입헌군주적인 행동양식으로부터 일탈했다고 주장한다. 그 일탈을 가능하게 한 것은 어전회의였다. 빅스는 이렇게 말했다.

> 어전회의는 '천황의 의사'를 '국가의 의사'로 정식 변환하는 장치였다. 토의에 참가한 이들은 모두 유일한 권위인 천황에 의해, 천황과 함께, 그리고 천황 밑에서 행동해왔다고 할 수 있기 때문이다. 반면에 히로히토는 국무대신들의 조언에 따라 행동했다고 주장할 수 있었으며, 어전회의는 책임 체계를 분산했다. …… 그러나 실제는 완전히 달랐다. 내각은 힘이 없었고, 헌법은 알맹이가 빠져 있었으며, 천황은 침략 계획을 세우고 통솔하는 일에 적극 참여했다. 천황은 종종 간접적이지만 매번 결정적으로 다양하게 개입했다.[6]

그 외에도, 천황이 주도적 역할을 발휘할 수 있는 경우가 있었다.

> 히로히토는 대본영을 설치하면서, 할아버지인 메이지 천황도 하지 못했던, 대원수로서 주도권을 행사하는 일이 더욱 쉬워졌다는 것을 깨달았다. …… 대본영이 내리는 모든 명령을 히로히토가 철저히 파악하는 것은 물리적으

6 허버트 빅스 지음·오현숙 옮김, 『히로히토 평전』, 삼인, 2010, 374쪽.

> 로 불가능했다. 그러나 통수부가 명령을 내려 보내기 전에 히로히토는 최고 범주에 속하는 명령들—천황의 최고 통수 명령—을 주의 깊게 살펴보았다.
>
> —앞의 책, 375쪽

빅스는 쇼와천황이 이런 어전회의나 대본영을 통해서 정책결정을 직접 주도했다고 주장하고 있으며, 전쟁의 개시나 수행에 따른 결정도 그 예외가 아니라고 한다. 또한 쇼와천황은 결정을 묵인하여 사태의 악화를 방치한 것도 적지 않다. 따라서 쇼와천황은 작위·부작위의 양면에서 전생 책임을 벗어날 수 없다는 것이다. 빅스는 어떤 경우에는 자료를 구사하면서, 어떤 경우에는 추측에 의거하면서 전쟁의 많은 국면에서 쇼와천황이 해왔던 구체적인 역할을 분명히 하려고 시도하였다.

여기에서 지적하지 않으면 안 되는 것은 일본에서 천황의 전쟁책임을 논하는 전제와 빅스의 전제는 명백하게 다르다는 것이다. 쇼와천황이 전쟁을 주도했다고 하는 책임론은 일본에서는 반드시 설득력을 갖는 것은 아니다. 쇼와천황이 입헌군주적인 행동을 취하고 있었다고 해도 더욱이 전쟁책임에서 완전히 벗어날 수 있겠는가, 아니면 단지 사태를 묵인했다고 해도 역시 도의적인 책임은 남는 것은 아닌가라는 것이 일본에서의 논쟁의 프레임이기 때문이다.

빅스의 책임론에 위화감을 느끼는 일본인은 그 이유로 쇼와천황의 회화능력의 부족을 거론하기도 한다.[7] 전후, 공개된 장소에 등장하는 일정이 많아진 쇼와천황이 회화할 때의 말씨가 어눌하다는 것을 아는 사람들은 수긍할지도 모르겠다.

5. 미국의 일본연구의 현상

미국의 일본연구를 생각할 경우에 무시할 수 없는 것은 지역연구의 발전이다. 제2차 세계대전까지 미국의 기본적인 대외 자세는 유럽에 대해서는 고립주의, 아시아・아프리카에 대해서는 팽창주의였다. 그러나 제2차 세계대전은 이러한 자세에 근본적인 전환을 재촉하는 것이었다. 초강대국이 된 미국은 각국의 법제도, 정치, 경제, 사회관습, 국민성, 사상, 종교 등에 대해 전문적인 지식과 정보가 필요했으며 나아가서는 각국의 언어를 구사할 수 있는 인재가 필요했다. 그래서 각 대학은 역사학, 지리학, 언어학, 문화인류학, 사회학, 정치학, 경제학 등의 연구자를 대상 국가별로 조직하여 지역 연구 프

---

7 도리이 다미는 『쇼와20년 제1부 제10권 천황은 결의한다』(소시샤, 2002, 19–20쪽)에서 "소박하고 얌전한 성격의 황태자(후의 쇼와천황)를 매우 소중하게 키우려고 했던, 매우 일그러진 교육의 결과, 황태자는 타인과 충분히 말할 기회를 얻지 못했다. 극히 단순한 응답의 단어를 모르고 사람에 대한 호칭도 모른다. 회화에 사용할 수 있는 어구는 지극히 적다. …그리고 전쟁이 시작되고 어전회의가 열리게 되자 그 회의에서 천황은 계속해서 침묵을 지키는 기묘한 관행이 생기게 되었다."라고 서술하고 있다.

로그램을 설치, 동시에 각 나라 언어의 전문가도 양성했다.

루스 베네딕트의 『국화와 칼』[8]은 이러한 지역연구의 성과이다. 물론 성과는 그 뿐만은 아니다. 로버트 엔 벨라의 『도쿠가와 종교(Tokugawa Religion)』도 뛰어난 성과 중 하나일 것이다. 벨라는 베버의 종교사회학 연구를 통해 일본의 근대화에도 서구의 프로테스탄티즘에 상당하는 종교적 요인이 존재했을 것이라고 생각하여 이시다 바이간(石田梅巖)의 심학(心學)에서 그 하나를 발견한다. 이 저서은 마루야마 마사오(丸山眞男)의 눈에 들어 『국가학회잡지』 1958년 4월호에 마루야마의 서평이 게재되었다. 본서는 일본 정치사상사의 제일인자의 이목을 끌 정도의 독특함을 갖고 있었던 것이다. 본서의 일본어 번역판이 1966년에 未來社에서 발행되었을 때 마루야마의 서평도 그 말미에 수록되어 있었다.

또한 사회과학적인 일본연구의 성과로서 빠른 시기인 1940년에 간행된 하버드 노먼의 『일본 근대국가의 성립(Japan's Emergence as a Modern State)』을 놓칠 수 없다. 노먼은 미국인이 아니라 캐나다인이지만 가루이자와(輕井澤)에서 태어나 일

8 미국의 인류학자 루스 베네딕트(1887-1948)는 제2차 세계대전 중인 1944년 6월 미국 국무부로부터 일본에 대한 연구를 의뢰받았다. 한 번도 일본을 가보지 않았던 저자는 도서관의 연구자료와 주변 사람들의 경험에 의존해 보고서를 작성해야 했다. 일본이라는 나라를 연구할수록 앞뒤가 맞지 않는 모순에 당혹스러워 하던 베네딕트는 바로 그 모순이 민족성의 본질이라는 것을 깨달았다. 베네틱트가 본 일본인은 손에는 아름다운 국화를 들고 있지만(다테마에, 겉모습), 허리에는 차가운 칼을 찬 사람(혼네, 속마음)이었다.

본어 구사 능력이 뛰어났다. 이 책은 메이지유신을 근대국가의 성립으로서 파악하고 근대국가의 성립 과정에서 볼 수 있는 일본적인 특징을 추구한 것이다. 본래 일본을 근대국가 중 하나로서 서구의 근대국가와 동일한 수준에서 논하는 것 자체가 전쟁 전의 일본에서는 드문 일이었다. 그런 의미에서 『일본 근대국가의 성립』은 매우 선구적인 의미를 가졌다고 볼 수 있다.

일본연구와 일본론이 다른 것은 일본론이 엄밀한 방법론에 의하지 않고 오히려 문학적 수법으로 일본의 전체적 이미지를 전달하려고 하는 데에 비해, 일본연구는 데이터를 방법적으로 처리함으로써 가능한 객관적인 명제의 체계를 제시하려고 한다. 벨라나 노먼의 저서는 일본연구의 성과라고는 할 수 있지만 베네딕트의 『국화와 칼』은 일본연구와 일본론의 중간적 위치에 있다고 할 수 있다. 뛰어난 일본론은 일본의 학계나 연구자에게 일시적으로 큰 충격을 주지만, 뛰어난 일본연구는 일본인의 일본연구에 지속적인 영향을 준다. 이러한 일본연구의 예로 R.P.도어를 거론할 수 있다. 도어는 1925년에 영국에서 태어나 런던대학의 동양·아프리카 연구소에서 공부했다.

도어도 미국인이 아니라 영국인이지만, 도어는 지일파 영국인으로서 커티스 등의 지일파 미국인과 함께 전후 일본의 여론 형성에도 큰 영향을 주었으며, 여기서도 좀 더 그 업적을 소개해 두는 것이 적절할 것이다. 도어의 첫 일본연구는 1958년에 간행된 『도시의 일본인』(City Life in Japan)이다. 이 책은 도쿄를 대상으로 세밀한 사회 조사에 의해 제 2차 세계대전 후의 일본 도시 거주자의 실상을 살펴보려고 한 것이다. 베네딕트가 일본의 특수성을 나타내는 데에 사용했던 '義理'에 대해서도 도어는 다른 여러 나라에서도 볼 수 있는 것이며 단, 그 나타나는 방식이 일본에서는 조금 특수한 것이라고 설명하고 있다. 도어의 견해에 따르면 어느 나라나 각각 특수하다는 의미에서 일본도 특수한 것이지 설명 불가능한 것은 아니라는 것이다.

도어는 또 1959년에 『일본의 농지개혁』(Land Reform in Jpapn)을 간행했다. 제 2차 세계대전 후의 농지개혁으로 농민의 생활이 어떻게 변했는지, 농촌의 사회구조나 정치과정이 어떻게 변모했는지를 사회 조사를 통해 밝힌 것이다. 『도시의 일본인』과 더불어 제2차 세계대전 후 일본에 일어난 사회변화의 주요 부분을 보충하고 있다. 도어는 그 후에도 많은 분야에 걸쳐 일본연구를 계속했으며, 주된 저술로는 『에도시대의 교육(Education in Tokugawa Jpapn, 1965)』, 『영국의 공장 · 일본의 공장(British Factory–Japanese Factory, 1989)』 등이 있다. 1977년에는 「사회과학적 방법에 의한 일본연구의 개척자로서 … 구미 제국의 일본이해 증진에 매우 크게 공헌」한 것을 평가받아 국제교류기금상을 받았다.

미국의 일본연구로서 놓칠 수 없는 것 중 하나로, 일본계 미국인에 의한 공헌이 있다. 그 중 한 사람 데쓰오 나지타는 1936년 하와이에서 일본계 2세로서 태어나 하버드대학 대학원에서 일본사를 전공했다.

주된 업적으로 『原敬(Hara Kei in the Politics of Compromise, 1967)』, 『가이토쿠도(懷德堂)－18세기 일본의 「德」의 제상(Visions of Virtue in Tokugawa Japan, 1987)』 등이 있다. 일본계 2세로서 일본어를 습득하기 쉬웠다는 이점이 있었을지도 모르지만 여기에 언급한 두 작품으로 볼 때, 나지타의 시점은 공화주의국 미국의 시점이라고 해도 좋을 것이다. 가이토쿠도는 18세기 오사카의 상인들이 창설한 학문소로, 여기서 덕이 어떻게 다뤄졌는지를 논하는 것은 시민이 덕을 중시하는 공화주의의 문제의식에 부합한다. 타협을 중시한 민중 정치가 하라 다카시(原敬)를 이야기한 것도 미국적 시각과 무관계하지 않다는 것은 명확할 것이다.

발문

1998년 3월, 필자는 경북대에 부임해 일본문화와 일본문학을 강의하기 시작한다. 10월에는 당시 김대중 대통령이 일본을 방문해 일본대중문화개방 방침을 천명한 뒤, 1998년 10월부터 시행한다. 그런데 공교롭게도 국제일본문화센터의 이오우에 쇼이치(井上章一)교수가 『南蛮幻想』이라는 책에서 "일본문화론의 시대는 끝났다"고 언급한다. 일본문화에 대해서 제대로 논해 보기도 전에 훼방꾼이 나타난 것이다. 그렇다고 구더기 무서워 장 못 담글까. 다소 방해되는 일이 있다 하더라도 80년대부터 "극일(克日)"로 무장한 몸과 마음인지라 지금까지 당당하게 대한민국의 젊은이들과 함께 일본을 마주한다.

80년대 일본의 서점가는 '일본문화론'이라든지 '일본인론'이 유행했다. 일본어는 애매하다, 비논리적이다, 일본인은 크리스마스도 즐기면서 신사나 절에 가는 잡종문화인이다, 축소

지향의 일본인이다, 등등의 이야기가 들리곤 했다. 물론 그 이전부터 마루야마 마사오(丸山眞男)나 가와시마 다케요시(川島武宜)가 일본문화의 부정적인 면을 강조한 일본문화론을 써냈지만, 70년대는 일본이 경제대국이 되어 그에 편승해 자국을 예찬하는 듯한 일본문화론을 쏟아내기도 한다. 그러자 이를 내셔널리즘이라고 비판한다. 그 비난의 화살이 집중된 것이 우메하라 다케시(梅原猛) 등의 『日本文化論』이다.

자민족중심주의에 바탕을 둔 상호멸시와 역사적 불신감이 누적되어 온 한국과 일본은 한일관계에서 문화상대주의(cultural relativism)나 문화다원주의(cultural pluralism)적 인식과 자세가 필요하다. 지난날의 자포니슴의 향수에 젖어, 국제화가 구호로 된 오늘의 일본사회는 '일본문화론'과 함께 '쿨 재팬'을 외치며 문화와 산업이 유착한 일본팔기에 혈안이다. 한류도 이에 뒤질세라 그 열기가 뜨겁다. 인식론적으로는 문화상대주의에 바탕을 두되 가치론적으로는 보편에 대한 끊임없는 지향과 추구가 필요할 것이다. 이것은 얼핏 이율배반처럼 보이지만 불가능한 것은 아니다.

필자는 한국인의 일본문화에 대한 인식을 보다 객관화하기 위해 제삼자의 시선을 차용했다. 그들의 시각에서 일본문화의 이미지가 어떻게 표상되었는지를 시대적 궤적에 따라 살펴보았다. 앞으로도 역사 문학 사회 정치 문화 등을 특정 나라의 범주 안에서 바라보는 국민국가 패러다임을 극복하는 트랜스

내셔널 인문학에 힘을 얻어 일본문화론의 새 지평을 넓히고자 한다.

참고문헌 및 추천도서

로버트 엔 벨라, 『도쿠가와 종교』, 현상과인식, 1994.
노마 필드, 『죽어가는 천황의 나라에서』, 창작과비평사, 1995.
스즈키 마사유키, 『근대 일본의 천황제』, 이산, 1998.
아오키 다모쓰, 『일본문화의 변용』, 소화, 2000.
폴 클로델, 『마리아에게 고함』, 연극과인간, 2001.
세이쇼나곤, 『마쿠라노소시』, 갑인공방, 2004.
마부치 아끼코, 『자포니슴』, J&C, 2004.
오쿠보 다카키, 『일본문화론의 계보』, 소화, 2007.
루스 베네딕트, 『국화와 칼』, 을유문화사, 2008.
무라사키 시키부, 『겐지 이야기』, 지만지고전천줄, 2008.
정형, 『사진 통계와 함께 읽는 일본 일본인 일본문화』, 다락원, 2009.
존 다우어, 『패배를 껴안고』, 민음사, 2009.
허버트 빅스, 『히로히토 평전』, 삼인, 2010.
후카이 아키코, 『자포니슴 인 패션』, 제이앤씨, 2011.
アーネスト・サトウ, 『一外交官の見た明治維新』, 岩波文庫, 1960.
渡邊守章, 『ポール・クローデル 劇的想像力の世界』, 中央公論社, 1975.
篠原宏, 『陸軍創設史 フランス軍事顧問団の影』, リブロポート, 1983.

佐伯彰・芳賀徹,『外国人による日本論の名著』, 中公親書, 1987.

平川祐弘・鶴田欣也,『外国人の日本人像・日本人の外国人像 内なる壁』, TBSブリタニカ, 1990.

庄田元男訳,『日本旅行日記』, 平凡社, 1992.

牧野陽子,『ラフカディオ・ハーン：異文化体験の果てに』, 中公親書, 1992.

平川祐弘,『西洋脱出の夢』, 講談社学術文庫, 1994.

稲賀繁美,『絵画の東方ーオリエンタリズムからジャポニスムへ』, 名古屋大学出版会, 1999.

ポール・クローデル,『孤独な帝国』, 草思社, 1999.

近代日本思想研究会編,『天皇論を読む』, 講談社現代親書, 2003.

平川祐弘,『あーさー・ウェイリー『源氏物語』の翻訳者』, 白水社, 2008.

저자 이준섭 __ 경북대학교 인문대학 일어일문학과

저자는 일본의 근세 문화를 배경으로 그려진 우키요에라는 풍속화를 즐겨 감상하기 시작하면서 그림과 글이 한 곳에 조화롭게 어우러진 독특한 문예장르를 만나게 된다. 기뵤시(黃表紙)라는 단편 회화소설이다. 이 무렵부터 에도(江戸 : 도쿄의 전신)의 게사쿠(戯作) 작가의 대표자 산토 교덴(山東京傳) 연구에 재미를 붙이면서 그의 비상한 상상력과 패러디 감각에 관심을 갖는다. 이처럼 우키요에 풍속화는 일본 안에서 문예장르에 영향을 미치는가 하면, 밖으로는 유럽의 인상파에 일본열기를 불러일으킨다. 이른바 〈자포니슴〉이다. 저자는 이를 핵심어로 해서 일본문화가 어떻게 표상되었고 작금의 〈쿨 재팬〉은 어떠한 형태로 문화와 산업이 유착되어 가는지 진단해 보고자 한다. 저서로는 『江戸の文事』(공저), 『주신구라 47인 사무라이의 복수극』, 『문화로 읽는 주신구라』 등과 발표 논문으로는 「주신구라의 사상사적 접근」, 「주신구라와 에도문화」, 「우키요에로 본 주신구라」 등이 있다.

경북대 인문교양총서 ㉕

교양 일본문화론 : 일본문화는 어떻게 표상되었나

초판 1쇄 발행 2014년 2월 28일
초판 2쇄 발행 2014년 11월 28일

지은이 이준섭
기 획 경북대학교 인문대학
펴낸이 이대현
편 집 박선주 권분옥 이소희
디자인 이홍주
마케팅 박태훈 안현진

펴낸곳 도서출판 역락
주 소 서울시 서초구 동광로 46길 6-6 문창빌딩 2층
전 화 02-3409-2060(편집), 2058(마케팅)
팩 스 02-3409-2059
등 록 1999년 4월 19일 제303-2002-000014호
전자우편 youkrack@hanmail.net

값 9,000원
ISBN 979-11-5686-000-6 04300
978-89-5556-896-7 세트
* 파본은 구입처에서 교환해 드립니다.